中宣部2020年主题出版重点出版物

中国脱贫攻坚故事丛书

中国脱贫攻坚

龙州故事

国务院扶贫办　组织编写

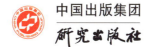

中国出版集团

研究出版社

图书在版编目 (CIP) 数据

中国脱贫攻坚 . 龙州故事 / 国务院扶贫办
组织编写 . -- 北京 : 研究出版社 , 2020.11
ISBN 978-7-5199-0788-4

Ⅰ . ①中… Ⅱ . ①国… Ⅲ . ①扶贫 – 工作经验 – 案例 –
龙州县 Ⅳ . ① F126

中国版本图书馆 CIP 数据核字 (2019) 第 262910 号

中国脱贫攻坚　龙州故事

ZHONGGUO TUOPIN GONGJIAN　LONGZHOU GUSHI

国务院扶贫办　组织编写

责任编辑 : 张立明

研究出版社 出版发行

（100011　北京市朝阳区安华里 504 号 A 座）

河北赛文印刷有限公司　新华书店经销

2020 年 11 月第 1 版　2021 年 4 月北京第 2 次印刷
开本 : 787 毫米 × 1092 毫米　1/16　印张 : 11.75
字数 : 157 千字

ISBN 978 – 7 – 5199 – 0788 – 4　定价 : 46.00 元

邮购地址 100011　北京市朝阳区安华里 504 号 A 座
电话（010）64217619　64217612（发行中心）

"中国脱贫攻坚故事"丛书编写工作组

骆艾荣　阎　艳　吕　方　李海金　陈　琦

刘　杰　袁　泉　梁　怡　孙晓岚

《中国脱贫攻坚　龙州故事》编委会

主　　　任：秦　昆

副 主 任：冯　波　谢国志　秦义敏

执 行 主 任：何子才　黄华基　何俊伟　黄永亮

执行副主任：何天恒　黄华山　许容华　卢荣涛

成　　　员：农毅聪　吕振杰　李文强　吕　达　农　凯

　　　　　　黄华江　许志平　农　林　林艳春　周永宏

　　　　　　王荣宝　陆利华　庞万雯　宋嘉杰　赵　桃

　　　　　　农丽玲　谭子勇

摄　　　影：严造新　秦　勇　兰　勇　邓　川　黄华山

目 录

CONTENTS

红色边关传捷报　打响广西脱贫摘帽第一炮

> 　　我们实现第一个百年奋斗目标、全面建成小康社会，没有老区的全面小康，特别是没有老区贫困人口脱贫致富，那是不完整的。这就是我常说的小康不小康、关键看老乡的涵义。
>
> ——习近平《在陕甘宁革命老区脱贫致富座谈会上的讲话》
>
> （2015 年 2 月 13 日）

2019 年 5 月 10 日，在南宁召开的广西全区 2019 年脱贫攻坚推进大会上，崇左市委常委、龙州县委书记秦昆从自治区党委书记鹿心社手中接过认定龙州县 2017 年脱贫摘帽的牌匾

"戴了 30 多年的贫困帽子终于甩掉啦！"

捷报传来，中越边关、红八军故乡欢声雷动，锣鼓喧天，群众奔走相告。奔流不息的左江流得更加欢畅，红土地上的花儿绽放得更加鲜艳夺目，老区人民脸上的笑容更加光彩照人！

2018 年 6—7 月，国务院扶贫开发领导小组组织第三方评估机构对龙州县脱贫攻坚工作进行了专项评估检查，评估检查结果为：综合贫困发生率 1.91%，漏评率、错退率不显著，群众认可度 96.34%。8 月 4 日，广西壮族自治区人民政府批复同意龙州县脱贫摘帽。8 月 17 日，国务院扶贫办在北京举行贫困县退出新闻发布会，宣布龙州县脱贫摘帽，龙州成功打响了广西国家扶贫开发工作重点县脱贫摘帽第一炮。

龙州具有光荣的革命传统。90 年前，邓小平等老一辈革命家在这里组织领导龙州起义，播下革命火种，在此时期发动"以龙州为中心的土地革命"，实行"耕者有其田"，给群众带来了实实在在的利益，老区人民一直铭记于心。20 年前，敢为人先的龙州人民在这片红土地上成功探索出土地流转的"小块并大块"模式，乃全国首创，中央农村工作领导小组办公室盛赞为"开了全国先河"。今天，龙州人民发扬"百折不挠、奉献拼搏、团结务实、争先创新"的龙州起义精神和"从胜利走向胜利"的红八军精神，锐意进取、攻坚克难，在脱贫攻坚中又取得令人瞩目的成绩。这一桩桩壮举、一个个成就，是对邓小平等曾经在龙州战斗过的老一辈革命家和革命先烈的最好告慰，更是老区人民脱贫奔小康、共同为实现中华民族伟大复兴中国梦而不懈奋斗的历史见证。

行程万里，不忘初心。今天，龙州县终于脱贫摘帽。欣喜之余，我们不能忘记，龙州从 1986 年被列为国定贫困县以来，全县干部群众在扶贫工作中团结一心、努力奋斗的生动实践。可以说，这是革命老区人民用 30 多年辛勤的汗水创造的佳绩。

　　龙州是"老、少、边、山、穷"县，贫困人口多、贫困覆盖面广、贫困程度深。自精准扶贫工作开展以来，作为广西第一个计划脱贫摘帽的国家扶贫开发工作重点县，龙州在脱贫攻坚过程中遇到巨大困难，且无前人经验可循，但全县人民坚定信心、迎难而上、大胆探索、勇于创新，推出一系列工作举措，走出了一条独具龙州特色的脱贫之路。创新实施的"易地搬迁＋边贸扶贫＋驻守边疆"模式、"第一书记产业联盟"、易地搬迁安置点社区化管理、"马甲书记"亮明身份服务群众、健康扶贫大病分类救治、脱贫励志电视夜校、网格化管理、生态扶贫"观鸟经济"等一系列举措，有力地推动了龙州县的脱贫攻坚工作，并得到上级部门的充分肯定和大力推广。

　　勇于担当、上下一心、众志成城，是龙州县夺取脱贫攻坚战胜利的根本保证，不畏艰难、敢打硬仗、苦干实干是夺取胜利的重要法宝。

幸福的喜悦

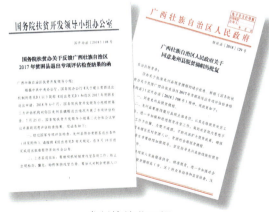

龙州摘掉贫困帽

龙州新貌

雄关漫道真如铁，而今迈步从头越。

龙州脱贫了，但这不是终点，而是新的起点。在党中央的领导下，勤劳勇敢的龙州人民必将在"建设壮美广西，共圆复兴梦想"的征程上，再接再厉，开拓创新，奋发有为，努力把龙州建设得更美好，让边陲明珠再放异彩，重振辉煌，向世人展示"红色边关、天琴古韵、岩画瑰宝、秀美龙州"这幅更新更美的百年画卷。

本书以图文并茂的形式，介绍多年来龙州县在脱贫攻坚工作中的做法、成效、经验以及涌现的先进典型，让外界对龙州这个边疆地区、民族地区、革命老区的扶贫工作有一个全面、系统的了解，并通过本书给全国各地的贫困县带来一些有益的启示。

01
Chapter

龙州之痛

捧着金碗讨饭吃

> 西部地区特别是民族地区、边疆地区、革命老区、连片特困地区贫困程度深、扶贫成本高、脱贫难度大，是脱贫攻坚的短板。
>
> ——习近平《在东西部扶贫协作座谈会上的讲话》
>
> （2016 年 7 月 20 日）

龙州县属民族地区、边疆地区、革命老区，有良好的自然资源条件，曾经有过辉煌的历史，但由于交通不便、边关战事等原因，导致贫困，造成了龙州"捧着金碗讨饭吃"。

第一节　天然"聚宝盆"

龙州地处祖国西南边陲、左江上游，是一座有近 1300 年历史的边关商贸历史文化名城。县域面积 2317.8 平方公里，辖 12 个乡镇 134 个行政村（社区），总人口 27.29 万，其中壮族人口占 95%。

龙州人杰地灵，是邓小平等老一辈革命家组织领导龙州起义的地方，是红八军的故乡、中国天琴艺术之乡、中国长寿之乡、广西特色旅游名县。

龙州旅游资源丰富。有世界文化遗产——左江花山岩画文化景观，有红八军军部旧址、龙州起义纪念馆、"重走红军路"景区、越南国父胡志明展馆等革命遗址，有南疆长城——小连城、紫霞洞、陈勇烈祠、法国驻龙州领事馆旧址、中山公园等，是"中国民间文化遗产旅游示范区"、全国重点红色旅游区和全国首批两个"红色旅游国际合作创建区"之一，发展文化旅游具有得天独厚的优势。"红色边关、天琴古韵、岩画瑰宝、秀美龙州"是对龙州旅游资源特色最形象的概括。

龙州自然条件优良，气候温和，雨量充沛，日照充足，主导风向为东风，全年都处于湿润宜人状态，独特的南亚热带季风气候和丰富的土地资源非常适宜发展热带、亚热带作物生产。

龙州生态环境优美，森林覆盖率达 57.3%，境内有弄岗国家级自然保护区、青龙山自治区级自然保护区，四季绿树成荫，左江、金龙湖等自然景观风光秀丽。

龙州物产资源丰富，是全国甘蔗优势产区，蔗糖业已成为龙州的支柱产业，全县甘蔗种植面积达 50 万亩，年产原料蔗 230 多万吨。县内有动植物 1930 多种，盛产澳洲坚果、桄榔粉、乌龙茶、蚬木砧板、八角、灵芝等名优特产，矿产资源 20 余种，其中铝土矿总储量预计达 1.89 亿吨。

龙州地理位置优越，与越南两省四县接壤，边境线长达 184 公里，有水口国际性长年开放公路客货运输的国家一类口岸、科甲国家二类口岸，以及水口、科甲、那花、布局 4 个边民互市区（点），是面向东盟的重要门户和最便捷的陆路大通道之一，打开门就是越南，走两步就是东盟，发展口岸经济具有极大优势。

龙州有优良的自然条件和生态环境、丰富的物产和文化旅游资源、优越的地理位置，各种优势叠加，发展潜力巨大，成为名副其实的天然"聚宝盆"。

红八军军部旧址

国家一类口岸——水口口岸

南疆长城——龙州小连城

魅力左江

弄岗国家级自然保护区

世界文化遗产——左江花山岩画文化景观

龙州的文化名片——天琴艺术

壮族瑰宝——壮锦

第二节　当年"小香港"

在广西近代发展史上，龙州作为广西最早开放的城市，与梧州、南宁齐名，曾占有重要地位，声名远播海内外，是左江流域乃至整个桂西南的政治经济文化中心。历史上，龙州水路交通发达，左江航道曾是我国直通东南亚国家最便捷的水运要道，是一条连通桂西南与华南经济圈的黄金水道。早在1889年，龙州被辟为对外通商口岸，是广西最早对外国开放的通商口岸，在近代史上曾创下广西最早的海关、火车站、领事馆、民用航空线路、通汽车的公路、官办银行等20多个"广西之最"。独特的区位、历史的机缘、发达的水运、繁华的商贸，使龙州被誉为"千年古城，百年商埠"的"小香港"。

当年的"小香港"，各路商贾云集，水路运输和工商业十分发达，外地客商纷纷在这里安家落户，设立会馆，投资经营，英、法、美等国在这里设立商店洋行，经营洋货，外国商品从水路、陆路源源不断地运到龙州，再从龙州销往各地。据记载，仅1899年至1903年，龙州海关平均每年关税收入就达4500两白银以上，可见当时龙州商业之繁盛。

广西最早的铁桥
——龙州铁桥
（1915年）

乐寿亭和伏波庙

百年前的龙州古船桥

龙州的"广西之最"

广西最早的古航道之一

龙州境内早就开辟了左江流域等航道。公元前213年又从湖南零陵开辟经广西的漓江、浔江、郁江、左江过龙州通往越南的水路航道，是广西最早的古航道之一。

广西最早构筑的炮台

清光绪十一年（1885年）至清光绪二十二年（1896年），广西边防督办苏元春组织军民在边境险要山峰修筑77座炮台，使龙州成为广西境内构筑炮台时间最早、数量最多的县。

广西最早与越南进行民间贸易的关口

清乾隆五十七年（1792年）龙州境内的水口关、平而关成为当时广西最早与越南进行民间贸易的关口。

广西最早设置的海关

清光绪十五年（1889年），清政府在龙州成立的龙州海关，是广西最早设置的海关。

广西最早的军官学校

清光绪三十年十一月（1904年12月），广西边防督办郑孝胥在龙州开设的广西边防将弁学堂，是广西第一所军官学校。

广西最早通汽车的道路

清光绪十一年（1885年），广西边防督办苏元春组织军民修筑的全长55公里的龙南军路（龙州—友谊关），是广西最早修建的通汽车的道路。

广西最早设置的领事馆

清光绪十五年（1889年）法国在龙州设立领事馆，是外国在广西设置的最早的领事馆。

广西最早的铁桥

1913年开工建设，1915年竣工的龙州铁桥，是广西第一座公路钢铁结构大桥。

广西最早的电报局之一

清光绪十年（1884年）建成的龙州电报局，是广西最早的电报局之一。

广西最早的水文站

清光绪二十三年（1897年），在龙州现中山公园内江边设立的龙州水文站是广西最早的水文站。

广西最早的长途电话线路

1919年，广西督军谭浩明组织完成架设从南宁到龙州的长途电话线路，并投入使用，这是广西最早的长途电话线路。

广西最早的火车站、铁路局

清光绪二十二年八月（1896年9月）动工兴建，两年后完成的龙州火车站、铁路局，是广西最早的火车站、铁路局。

广西最早的陆军学校

清光绪三十四年（1908年），广西巡抚部院在龙州创办的广西陆军讲武堂，是广西最早的陆军学校。

广西最早的民用航空线路

1934年5月西南航空公司在龙州成立（又称龙州航空公司），同时成功开辟了广州—梧州—南宁—龙州的往返航线，该航线是广西最早的民用航空线路。1936 年 7 月，增辟龙州—河内国际航线。

广西最早的汽车运输公司之一

1923 年，在龙州县城利民街私人开办的华利汽车公司，经营龙州至越南谅山的客货运输业务，是广西首次用汽车经营运输业务的公司之一。

广西机械化最早的工业企业

清光绪二十五年（1899 年）广西边防督办苏元春在龙州县城西郊双凤山创办龙州制造局（兵工厂），购进德国克虏伯工厂生产的机械设备，生产子弹及修理枪炮，这是广西最早用机械进行生产的工业企业。

广西最早的官办银行

龙州开辟为通商口岸后，市场货币流通，金融业逐渐兴起。清光绪三十年（1904 年），广西最早的官办银行——新龙银号（银行）在龙州成立。

广西最早的政法专科学校

清光绪三十二年（1906 年），广西边防法政学堂在龙州开办，它是广西最早的政法专科学校。

广西最早培养外事人员的学校

1927 年，广西全边对汛督办署在龙州开办的广西边务学校，是广西最早以教授外文为主的专门培养边务外事人员的学校。

第三节　昔日贫困县

龙州虽然有过辉煌的历史，有优良的自然条件、生态环境，丰富的物产、文化旅游资源和优越的地理位置，是名副其实的天然"聚宝盆"。但由于左江航运功能的丧失，周边其他地方高速铁路、高速公路的快速发展，而龙州错过了诸多发展机遇，从桂西南的政治经济文化中心，逐渐演变成交通不便、信息闭塞、边远贫困的落后县份，"中心"变成了"死角"。改革开放以来，尽管历届党委、政府不懈努力，带领广大干部群众千方百计改变贫困落后面貌，但"老、少、边、山、穷"仍然是龙州的真实写照。龙州群众一直以种植水稻、玉米、木薯等农作物维持生活，农业经济单一、薄弱，缺乏支柱产业，工业上仅有酒厂、制药厂、氮肥厂等小型企业，这使得龙州在经济发展上难以有大的突破。

1986 年，龙州被列为第一批国定贫困县。当年全县农业人口 21.35 万，贫困人口 18.44 万，贫困发生率为 86.37%。全县农民人均年纯收入仅 246 元，国民生产总值仅为 9859 万元，财政收入 778 万元。全县除了龙州镇 8 个社区外，其余 109 个村没有通硬化路，56 个村不通电。当时全县的贫困状况主要呈现五个特点：一是贫困面大，贫困人口多。当时全县有 13 个乡镇，除龙州镇外全部是贫困乡镇，贫困人口占全县农业人口的 86.37%。二是贫困人口缺粮缺钱严重。全县有 12.37 万人年人均收入在 200 元以下，90% 以上人口缺粮。三是无支柱产业。群众主要靠种植水稻、玉米、木薯等农作物维持生活，产业结构单一，收入来源少。四是生产生活条件极其落后。有 91 个行政村不通车，353 个自然屯 10.69 万人 4.06 万头牲畜饮水困难。五是贫困人口素质偏低，小农意识普遍存在，"等、靠、要"思想严重。

2002 年 2 月,龙州县被列入国家扶贫开发工作重点县,是广西 28 个扶贫开发工作重点县之一。当年全县贫困人口 12.36 万,贫困发生率 57.09%,农业人口 21.65 万,农民年人均纯收入 1741 元。

"十二五"期间,龙州县贫困人口从 2010 年的 3.1 万户 11.13 万人,降至 2015 年底的 1.4 万户 5.08 万人,但贫困发生率仍高达 23.92%。"十三五"时期,全县脱贫攻坚任务艰巨繁重。

历史原因限制了
当地经济的发展

残旧的民房

彬桥乡龙津屯旧貌

链 接

龙州县1986年以来贫困发生率和贫困人口情况

1986—1993年。1986年全县农业人口21.35万，贫困人口18.44万，贫困发生率86.37%；1993年贫困人口6.758万，贫困发生率31.34%。

1994—2000年，"八七"扶贫攻坚阶段。1994年贫困人口6.212万，贫困发生率28.81%；2000年贫困人口9208人，贫困发生率4.27%，7年减少贫困人口5.291万。

2001—2004年。2001年贫困人口12.36万，贫困发生率55.85%。2004年贫困人口11.628万，贫困发生率50.62%，3年减少贫困人口

7320 人。

（注：2000 年国家提高脱贫标准，贫困线从 2000 年的 625 元提高到 2001 年的 872 元；龙州县贫困人口从 2000 年 9208 人上升到 2001 年的 12.36 万人；贫困发生率从 2000 年的 4.27% 上升到 2001 年的 55.85%。）

2005—2010 年。2005 年贫困人口 11.335 万，贫困发生率 49.3%；2010 年贫困人口 8.33 万，贫困发生率 38.34%，5 年减少贫困人口 3 万多人。

2011—2015 年。2011 年贫困人口 11.33 万，贫困发生率 51.63%；2015 年末，通过精准识别，全县有贫困村 47 个，贫困人口为 14018 户 50828 人，贫困发生率 23.92%。

2016 年贫困减贫 2405 户 9559 人，贫困发生率 19.42%。2017 年减贫 10097 户 37554 人，贫困发生率 1.87%。

2018 年减贫 308 户 885 人，贫困发生率 1.48%；2019 年减贫 995 户 2506 人，贫困发生率 0.25%；2020 年全县剩余未脱贫人口 273 户 510 人全部实现脱贫摘帽，贫困发生率降至 0%。

（注：国家再次大幅度提高贫困标准，贫困线从 2010 年的 1274 元提高到 2011 年的 2536 元；龙州县贫困人口从 2000 年 83316 人上升到 2011 年的 110939 人；贫困发生率从 2010 年的 38.34% 上升到 2011 年的 51.86%。）

龙州之志

誓要"穷龙"早翻身

贫穷不是社会主义。如果贫困地区长期贫困，面貌长期得不到改变，群众生活长期得不到明显提高，那就没有体现我国社会主义制度的优越性，那也不是社会主义。因此，各地区各部门要加强组织领导，在已经取得成绩的基础上，加大对扶贫对象和贫困地区的扶持力度，充分发挥贫困地区干部群众的积极性、主动性、创造性，广泛组织和动员社会力量积极参与扶贫济困，确保如期实现扶贫开发"两不愁、三保障"的奋斗目标。

——习近平《在党的十八届二中全会第二次全体会议上的讲话》

2013 年 2 月 28 日

第一节　不忘初心　穷则思变

　　龙州县委、县政府高度重视扶贫开发工作，通过召开县委常委会、县政府常务会、县扶贫开发领导小组会、县委中心组学习会、月度汇报会等会议，认真学习、深刻领会习近平总书记关于扶贫工作的重要论述，提高政治站位，坚持责任担当。坚持以脱贫攻坚统揽经济社会发展全局，坚持把脱贫攻坚作为最大的政治任务、最大的民生工程和最大的发展机遇。研究制定《龙州县打赢脱贫攻坚战的决定》，以精准扶贫精准脱贫谋全局，确定实现整县脱贫摘帽的目标，将"百折不挠、奉献拼搏、团结务实、争先创新"的龙州起义精神作为源源不绝的前进力量，坚定打赢打好脱贫攻坚的信心和决心。

县委中心组学习习近平总书记关于扶贫工作的重要论述

召开龙州县脱贫攻坚精准帮扶工作动员会

第二节　主动请缨　敢打硬仗

　　龙州作为革命老区、民族地区、边境地区、贫困地区、山区、石漠化地区，打好脱贫攻坚这场硬仗，确保全县各族群众如期实现全面小康，是党和政府义不容辞的责任。对此，龙州县委、县政府结合全县扶贫"大数据"分析，在充分讨论认定脱贫摘帽可行性的基础上，2016年主动请缨，向崇左市、自治区提交了用两年时间，到2017年底实现全县脱贫摘帽的"请战书"，争取提前一年脱贫摘帽。自治区通过精准扶贫大数据科学分析，把龙州列为2017年全区计划脱贫摘帽6个县（区）之一，是广西唯一的计划脱贫摘帽的国家扶贫开发工作重点县。

崇左市委常委、龙州县委书记秦昆（右）在自治区脱贫攻坚推进
会上向时任自治区党委书记彭清华（左）递交脱贫摘帽责任状

　　龙州决战决胜 2017 年脱贫攻坚战的勇气和担当，得到上级党委、政府的高度肯定和大力支持，自治区党委书记鹿心社、原自治区党委书记彭清华、自治区政府主席陈武先后到龙州进行专题调研指导，崇左市党政主要领导多次深入一线检查指导，为龙州打赢打好脱贫攻坚战指明了方向，更坚定了全县上下脱贫摘帽的信心和决心。

广西壮族自治区党委书记鹿心社（左四）到龙州指导脱贫攻坚工作

广西壮族自治区人民政府主席陈武（右三）到龙州指导脱贫攻坚工作

崇左市委书记刘有明（中）到龙州指导脱贫攻坚工作

崇左市委副书记、市长何良军（右三）到龙州指导脱贫攻坚工作

使命光荣，责任重大，任务艰巨，时间紧迫。龙州县广大党员干部弘扬龙州起义精神，以决战决胜的信心决心，以坚韧不拔、勇往直前的顽强斗志，以"人一之我十之，人十之我百之"的超常干劲，迅速把行动节奏和精神状态由"平时"转入"战时"。龙州县委、县政府扛起主体责任，把最多的精力投入到脱贫摘帽工作上，把最好的资源调度到脱贫摘帽工作上，把最强的兵力充实到脱贫摘帽工作上。县四大班子领导率先垂范，以身作则深入挂点乡镇联系村屯调查研究，协调推进脱贫攻坚重难点工作；扶贫开发 9 个专责小组联动推进，解决脱贫攻坚重大事项重大问题；各帮扶单位做好坚强后盾，助力各村开展脱贫攻坚工作；驻村第一书记、第一主任、包村干部、工作队员和帮扶责任人尽心尽职，主动投身脱贫攻坚主战场。

逢山开路、遇水架桥，披荆斩棘、勇往直前。龙州以敢打硬仗的拼搏精神，攻坚克难、苦干实干，逐村推进，逐户清表，不达目的誓不罢休，不获全胜决不收兵。

第三节　健全机制　抓实抓细

脱贫攻坚时间紧、任务重，必须万众一心方能夺取脱贫攻坚战全面胜利。龙州紧紧盯住整县摘帽目标，建立健全机制，凝心聚力，群策群力，狠抓脱贫攻坚责任、政策、工作落实。成立县扶贫开发领导小组和县脱贫攻坚指挥部，认真落实五级书记抓扶贫责任制，建立健全驻村夜访、微信群一天一报、每周例会、半月汇报会、"一月一评先"和"红黑榜"通报六大机制，广大领导干部拿出 90% 以上的时间和精力，在脱贫攻坚战场上敢担当、敢作为，狠抓落实。同时，以电视夜校、驻村夜访等为载体，加大扶贫政策宣传力度，强化思想、智力、能力扶贫，选树脱贫典型示范引领、落实以奖代补等扶贫惠农政策，充分调动贫困群众参与脱贫攻坚的积极性、主动性、创造性，形成全县上下众志成城誓拔穷根的大格局。

全县上下众志成
城决战脱贫攻坚

2017 年脱贫摘
帽攻坚布置会

龙州县脱贫摘帽
百日攻坚战誓师
大会

压实脱贫攻坚责任

　　决战决胜关键时刻，龙州坚决扛起政治责任，严格落实五级书记抓扶贫责任制，形成一级抓一级、层层抓落实的工作格局，加快推动脱贫攻坚工作落实。县委书记秦昆坚决落实党委一把手主体责任，对全县脱贫攻坚谋篇布局，带头协调推进脱贫攻坚重点难点工作。12个乡镇党委书记坚决落实主体责任，全面统筹抓好管好辖区脱贫攻坚各项工作。驻村第一书记实行"五天四夜"工作制，抓党建、强产业、谋发展、促脱贫。

推行领导驻村夜访制度

　　坚持由县四大班子领导、县直单位主要领导带头深入脱贫攻坚一线亲自调查研究、亲自协调推动、亲自检查问效，特别是每周到挂点联系村至少住一晚，着力攻坚贫困户脱贫缺项、宣传脱贫攻坚政策，推进重点难点工作，提升群众满意度。

县四大班子领导带头驻村夜访

领导干部深入扶贫一线

驻村工作队
入户收集贫
困户资料

建立脱贫攻坚微信群一天一报制度

利用现代互联网技术，将微信平台与脱贫攻坚工作结合起来，建立脱贫攻坚微信群，把县四大班子、专责小组成员、各乡镇党政正职等纳入微信群，信息共享，及时沟通，快速推进工作落实，疑难问题得到及时解决。通过微信群"压"担子、"领"责任、"摆"问题、"晒"进度，推动全县上下形成干事创业、创先争优的浓厚氛围。

县、乡、村对每天信息反馈问题集中分析、研究，落实问题整改

驻村工作队，逐户走访、排查贫困户"两不愁三保障"突出问题

坚持每周例会、半月汇报会制度

每周日晚上定期由县委、县政府分管扶贫工作的领导，组织各专责小组分析研究脱贫攻坚工作，并就议定事项形成《龙州县脱贫攻坚一周工作要点》印发实施，清单管理，责任到位，落实到位。相关部门每周就推进事项形成书面汇报，确保工作推进周周有目标、天天有进度、时时见成效。

每半月由县委书记主持，以视频会形式召开垂直覆盖至乡到村的脱贫攻坚汇报会，及时传达上级脱贫攻坚指示精神，通报各项工作进展情况，讨论存在问题，研究解决办法，明确目标方向，始终瞄准靶心，狠抓工作落实。

脱贫攻坚周日晚间例会、半月汇报会

建立评先激励机制

深入开展"一月一评先"、争创"红旗村"等评先活动，既提升了干部精气神，也提高了农村基层党建水平，更增强了全县上下合力攻坚的凝聚力、向心力和战斗力。2017—2018 年，共开展扶贫工作先进个人、驻村扶贫工作标兵、优秀帮扶人、优秀村干部、优秀村民小组长、脱贫攻坚红旗村等评优活动 7 批次，累计表彰奖励 2452 人次、239 村次。

一月一评先

健全"红黑榜"通报制度

成立督查组，每月以划分片区的形式，围绕精准扶贫、精准施策、责任落实等，对全县脱贫攻坚工作开展督查，每次督查后在全县下发督查情况通报，对实绩突出、成效明显、做法有亮点的下发"红榜"表扬，推广学习、激励赶超。对存在问题的下发"黑榜"，对脱贫攻坚推进不力的单位和个人进行约谈、免职和追责，坚决杜绝虚假扶贫、数字脱贫。

奖惩分明

带领龙州县率先脱贫摘帽的"扶贫书记"

龙州县地处广西西南边陲，集"老、少、边、山、穷"于一体，贫困面广、程度深，脱贫摘帽任务艰巨，然而就在 2018 年 8 月，该县成功摘掉贫困帽，贫困发生率由 2013 年的 31.79% 降至 2017 年末的 1.91%，成为广西第一个脱贫摘帽的国定贫困县。打赢这场脱贫攻坚战，离不开广大干部群众的共同努力，更离不开领头雁——"扶贫书记"秦昆。作为县委书记，他始终把脱贫攻坚作为最大的政治任务、最大的民生工程和最大的发展机遇，带领全县干部群众上下一心、苦干实干，不达目的决不罢休。

心中有责，勇挑重担

2011 年 6 月，秦昆担任龙州县委书记伊始，就高度重视扶贫工作，经过五年努力，该县贫困人口由 2011 年的 11.33 万减至 2015 年末的 5.08 万，减贫率 55.4%。2016 年 6 月升任崇左市委常委后，为了龙州能够早日摘掉贫困帽，让全县 27 万老区人民过上幸福日子，他积极响应中央号召，毅然回到龙州，并主动请缨用两年时间实现全县脱贫摘帽。他的坚强决心和意志得到上级党委、政府的认可和大力支持，自治区决定把龙州确定为"十三五"期间广西第一个计划脱贫的国定贫困县。这是机遇，更是挑战。

为兑现庄严承诺，秦昆率先垂范，亲自担任县扶贫开发领导小组组长和脱贫攻坚指挥部总指挥，扛起脱贫攻坚"第一责任人"责任，并层层签订责任状，压实县、乡、村、帮扶单位党组织及挂职扶贫副书记、驻村第一书记、村（社区）"两委"干部、帮扶责任人等各级攻坚主体责任。建立健全县、乡、村、屯四级网格化管理，配齐全县 47 个贫困村驻村第一书记，增派 12 个乡镇扶贫副书记、47 个贫困村第一主任，派出 7000 余名党员干部与贫困户结对帮扶。实施驻村夜访、每周例会、半月汇报、微信群一天一报和"一月一评先"、争创"红旗村"等制度机制，形成了多点发力、各方出力、共同给力的脱贫攻坚工作格局。

身先士卒，苦干实干

上金乡中山村陇山片区位于弄岗自然保护区莽莽深山之中，在此居住的几十户村民刀耕火种、肩挑马驮，艰难维持生计。为推进该片区整村搬迁，摆脱贫困，秦昆亲自带队，徒步翻山越岭近8个小时挨家挨户走访，耐心细致地做好宣传动员，村民深受感动，终于搬出大山。在秦昆身上，像这样深入一线亲自抓落实的例子不胜枚举。

"群众脱贫，干部脱皮，要用干部的辛苦指数换取群众的幸福指数。"这是秦昆经常挂在嘴边的一句话，而他的身体力行，就是对这句话最好的诠释。攻坚期间，他带头深入一线调研182天次，驻村夜访32晚，参加脱贫励志电视夜校29期，牺牲周六和节假日53天，全覆盖走访全县47个贫困村和大部分非贫困村，行程达12万公里，当地干部群众称他为"扶贫书记"。

情系百姓，一心为民

"一纸书来只为墙，让他三尺又何妨。"2017年7月，下冻镇扶伦村布吕、板端、那造三屯产生饮用水纠纷，各方情绪激动，剑拔弩张，乡镇党委、政府多次协调无果。秦昆获悉此事后，先后六次到板端、布吕、那造三屯驻村夜访，组织群众代表协商，并以"六尺巷"的故事疏导化解矛盾，三屯群众不仅冰释前嫌，还携手发展乡村旅游事业。"真没想到，秦书记会到村里来跟我们一起住，帮我们解决问题，指导我们发展乡村旅游、脱贫致富。"那造屯屯长农志威道出了三屯群众的共同心声。县委书记讲"六尺巷"的故事在当地已传为佳话。

励精图治，实践创新

"脱贫攻坚不仅要实干，还要巧干。"作为广西第一个计划脱贫摘帽的国定贫困县，龙州在脱贫攻坚中遇到诸多困难，且无前人经验可循，但秦昆并不退缩，而是带领全县干部群众迎难而上，大胆探索、实践创新，推出一系列工作新举措，走出了一条独具龙州特色的扶贫之路。如创新实施的"易地搬迁＋边贸扶贫＋驻边守疆"模式、"第一书记产业联盟"、易地搬迁安置点社区化管理、"马甲书记"亮明身份服务群众、健康扶贫大病分类救治、脱贫励志电视夜校、网格化管理、生态扶贫"观鸟"经济等系列举措，得到了上级充分肯定和推广。

"脱贫摘帽只是万里长征走完了第一步，致富奔小康才是一场大考。"在秦昆的带领下，龙州县成功打响了广西国定贫困县脱贫摘帽第一炮，树立了全区脱贫攻坚标杆，但他没有丝毫松懈，依然奋战在脱贫攻坚第一线。

——选自中国农业新闻网

2018 年 12 月 25 日

延伸阅读二

青春在扶贫一线绽放
——广西龙州扶贫工作队青年群像扫描

集"老、少、边、山、穷"于一身的龙州县是广西首个"摘帽"的国家扶贫开发工作重点县，新一轮脱贫攻坚战役打响后，大批年轻干部作为驻村工作队的主力军，投身到这一伟大事业之中，实现自己的青春价值。

发挥党员引领作用　贫困村旧貌变新颜

四月南国，生机盎然。走进下冻镇洞埠村，映入眼帘的是宽阔的村前广场和一排整齐的车位，村内道路整洁，村边绿树成荫。

一年前，30 岁的李晓辉开始担任洞埠村第一书记时，这里还是一片脏乱的景象：荒废的土坯房，崎岖不平的小路，直排地面的污水。

去年，洞埠村实现整村脱贫，生活生产条件改善后，群众对美好生活更为向往，致富愿望更加强烈。

群众的期盼就是干部努力的方向。在村民议事会上，李晓辉提出建设宜居村庄，发展乡村旅游，得到了群众的广泛支持。

去年 12 月，试点在洞银屯启动，老党员周永恒率先把自家老房子让出来做村里的奇石馆，全屯 4 名党员虽然平均年龄达到 66 岁，但每天跟着李晓辉一起出工。

党员示范带头极大地激发了群众的热情，除去外出务工人员及部分老人、小孩，全屯近百名群众每天集体出工。群众把自家的土地让出来修路，拆旧房不要求任何补偿，3 个多月时间，洞银屯就建成了休闲健步长廊、农事民俗馆、停车场等设施，村容村貌有了很大的改善。

抛洒青春热血　打造永不撤走的工作队

从担任下冻镇扶伦村第一书记第一天起，廖煜彧就意识到驻村工作不光要帮助群众解决眼前的问题，还要在实践中锤炼村"两委"干部，建设强有力的基层党组织。

2018 年年中，刚上任的廖煜彧就带着全村"两委"干部去广东鹤山市参观肉牛养殖企业。肉牛养殖的市场广阔前景深深触动了这些村干部。

村委会副主任黄德志回来之后积极动员群众参与养牛专业合作社，以企业提供资金和技术，合作社出人工和场地的方式进行合作。在他的推动下，14 户村民流转了 300 多亩土地给企业建立牛场。仅半年时间，牛场就达到 600 多头的存栏，吸纳 6 名本地村民在此务工，光土地流转和村民的工资每年就为群众增收 40 多万元。

为了提升村干部的综合素质和服务能力，武德乡科甲村第一书记农选也下了不少功夫。

"我刚驻村时，村'两委'7名干部平均年龄超过50岁，不少村干部连按时来开会都做不到，更谈不上发挥党员干部带头作用。"农选说，自己和驻村工作队员手把手地从如何热情接待群众教起，再到落实上级交办任务，建立村"两委"工作规章制度。经过一年多的努力，村民对村干部的满意度有了较大提升。

2018年，科甲村贫困发生率降至1.16%，自然屯道路硬化率、农户通电率、安全饮水普及率均达100%。

"现在村'两委'干部已经树立了把群众放在心上、把责任扛在肩上的服务理念，过几年就算我们回去了，但强有力的基层党组织还在，这是一支永不撤走的工作队。"农选说。

——新华网

2019年5月3日

延伸阅读三

苏南亮：脱贫路上勇争先

"这是拉筋凳，这是测压仪，过来体验一下吧。"近日，在龙州县下冻镇峡岗村村委会健康屋，理疗师苏南亮热情地邀请记者体验健康屋里的各种器械，并分享了他的脱贫故事。

苏南亮是峡岗村喋布屯人，2014年之前一直在广东深圳务工，因家中年迈的母亲患病无人照顾，回到家中，此后的经济来源以种植甘蔗为主。

"家里田地少，光靠种几亩甘蔗根本挣不了什么钱。"苏南亮说，为了摆脱生活困境，他决定另辟蹊径，寻找脱贫致富的道路。

峡岗村地处龙州县下冻镇的大青山脚下，气候和地理环境十分优越，苏南亮决定利用地理环境优势在大山里养羊。2014 年 5 月，他购买了几只山羊，一边饲养一边积累经验，慢慢地掌握了养羊的技术。

2015 年，苏南亮一家被认定为建档立卡贫困户。

得益于脱贫攻坚的好政策，苏南亮与其他两户贫困户利用小额信贷，筹集十几万元购买了 50 多只种羊，成立了龙州县下冻镇鸿鑫养殖专业合作社，发展山羊养殖业。因具有一定的养殖经验，苏南亮成为合作社的技术管理人员。不到一年时间，合作社存栏山羊达 100 多只，共吸纳 21 个贫困户入股合作社。苏南亮挣到了第一桶金。

2016 年 11 月，苏南亮用挣来的两万元入股龙州县楼矩生态农业专业合作社，每两个月享受一次 1500 元的分红，荷包慢慢地鼓了起来。

2017 年，乘着龙州县健康扶贫的东风，峡岗村村委会联合龙州县楼矩生态农业专业合作社、广西正心启善健康咨询有限公司等机构建起了一间健康屋，健康屋以"正心启善"为理念，秉承"治已病、防未病"的中华医养文化精髓，引入核磁共振高科技检测理疗技术，结合传统保健养生手法，为村民提供便捷精准的健康体检及身体调理服务。峡岗村 60 岁以上的老人和所有贫困户（包含 2016 年脱贫的）都可以在健康屋内享受免费理疗。此外，健康屋还为贫困户提供 20 个以上公益性岗位，苏南亮成为第一个接受中医护理岗位培训后在健康屋上岗的理疗师，每月工资 800 元。

每天，苏南亮都到健康屋上半天班，检查整理各种仪器，帮助群众调理身体。

75 岁的周英旋老人患有严重的类风湿关节炎，平时走路都要拄拐杖，抱着尝试的心态她来到了健康屋。经过一段时间的针对性治疗，周英旋不仅症状有所缓解，还能自行乘车到水口边贸互市点参与边贸，见人就夸健康屋。经过群众口口相传，健康屋的名声越来越响亮。

"能够在健康屋帮助群众调理身体，我感到很荣幸。"苏南亮说道。

2017年底，苏南亮一家成功脱贫出列，从喋布屯搬到水口幸福家园易地扶贫搬迁安置点，并担任社区管委会成员，每月工资1600元。

"相信以后的日子会越来越好。"苏南亮笑道。

——摘自《左江日报》

2018年9月4日

龙州之战

咬定青山不放松

坚持精准方略，提高脱贫实效。脱贫攻坚，精准是要义。必须坚持精准扶贫、精准脱贫，坚持扶持对象精准、项目安排精准、资金使用精准、措施到户精准、因村派人（第一书记）精准、脱贫成效精准等"六个精准"，解决好扶持谁、谁来扶、怎么扶、如何退问题，不搞大水漫灌，不搞手榴弹炸跳蚤，因村因户因人施策，对症下药、精准滴灌、靶向治疗，扶贫扶到点上扶到根上。

——习近平《在打好精准脱贫攻坚战座谈会上的讲话》

（2018年2月12日）

龙州县聚焦"两不愁三保障"标准，紧盯脱贫时序目标，提出"扶持谁、谁来扶、怎么扶、如何退"精准发力，在精准施策上出实招、在精准推进上下实功、在精准落地上见实效，确保如期完成脱贫摘帽任务。

第一节 "三下三上"找穷户

2015年10月，龙州县坚持精准扶贫精准脱贫基本方略，按照自治区的评估标准，紧紧围绕"一二三四五六七""三下三上"工作法，坚持不唯分数论，开展精准识别贫困户贫困村工作。全县出动干部职工3万多人次，进村入户走访评估，采取评议审核等方式找出贫困户。2015年底共完成识别贫困人口 18156 户 67540 人（含 2014 年、2015 年退出户）、贫困村 47 个，其中认定 2015 年末贫困人口 14018 户 50828 人。逐户分析致贫原因、采集信息，完成贫困人口及贫困村建档立卡工作，为"扶持谁、谁来扶、怎么扶、如何退"建立了真实准确的基础信息数据。同时，坚持"不唯分数论"原则，重点排查"高分贫穷""低分富有"现象，通过财产检索、村屯评议等办法，通过逐户核查、逐户评议、公示审核等程序进一步识别，做到公平、公正、公开。2016—2018 年，先后开展 5 次贫困人口动态调整，应纳尽纳 1019 人，剔除错评户 1201 人，认定返贫 362 人，认定极度贫困户 24 户 89 人，杜绝"富人戴穷帽""穷人被漏评"的现象。

入户评估精准识别

入户评估精准识别动员培训、交流推进会

■ 故事：不让富人戴穷帽 不让穷人被漏评

"周书记吗？你好！我是赵娴。我想向你了解一些情况，我们民建村报来的疑似脱贫不精准的那两户，我想具体了解一些他们的家庭情况……"在贫困人口动态调整工作过程中，金龙镇分管扶贫的人大主席赵娴一个村一个村地打电话，详细了解贫困户家庭情况。

为了做到贫困户错退清零，同时又能保证无漏评现象，龙州县在贫困人口动态调整工作中，对照"两不愁、三保障"指标，采取边缘户、临界户逐户排查、逐户分析的办法，精准认定。从 12 个乡镇中，每个乡镇抽取 30—50 户不等的脱贫摘帽质量不高或不达标疑似错退的脱贫户、30—50 户非贫户中疑似漏评的农户，由县分管领导主持，扶贫办及相关专责小组人员组成审核小组，对此类农户一户一户地分析，对情况不是很明了的还要向驻村第一书记了解情况，必要时还要进行房产、车辆等信息检索，彻底摸清情况，对标对表，逐户认定。

知识链接一

"一二三四五六七"

"一个绝不"：绝不弄虚作假；"二个关键"：关键在入户走访评估，关键在屯级代表评议；"三个原则"：坚持入户走访原则，坚持实事求是原则，坚持民主评议原则；"四个坚决"：坚决按照既定时间要求完成所有程序，坚决按照《精准识别贫困户贫困村实施方案》中的走访对象逐户评估、逐户评议，坚决按照《方案》程序逐步完成，坚决客观、公正、公平、公开；"五个必须"：必须精准、精细、精确，必须走完所有对象、走完每一个程序，必须做到区别对待，必须负责到底，必须经得起考验；"六个精准"：精准到村、精准到屯、精准到户、精准到人、精准到数、精准管理；"七个到位"：思想认识到位，责任落实到位，力量到位，动员培训到位，政策宣传到位，经费保障到位，督查指导到位。

知识链接二

"三下三上"

一下：下村入户评估；一上：屯级评议。二下：屯级评议结果公示；二上：村级评议。三下：村级评议结果公示；三上：上报乡镇审核公示。

延伸阅读

千名干部下基层　精准扶贫"再回头"

为确保精准识别工作做到精准、精确、精细，真正找准贫困对象，2015年11月27—28日，龙州县四大班子领导按照"三坚持、三确保"的要求，组织千名干部深入基层一线，开展入户识别"再回头"活动。据统计，这次"再回头"活动共出动各级领导干部1849人，复核18787户，更正分数3527户，其中加分2874户、降分653户。

一是坚持把住时间节点，确保如期完成任务。为确保如期完成贫困户贫困村精准识别任务，龙州县四大班子领导紧紧把住时间节点，组织自治区、市、县责任单位工作队员、驻村第一书记、"美丽乡村"广西扶贫工作队员、乡镇干部职工、村屯干等1849人组成入户识别"回头看"工作队，深入全县127个村(居)委会及各挂点联系村屯对评估打分情况进行"再回头"。同时，该县党政主要领导还利用晚上休息时间，先后3次召开全县开展精准扶贫入户识别"回头看"工作汇报会和座谈会，并针对入户识别"再回头"过程中遇到的新情况、新问题，进行再研究、再统筹、再部署，确保了各项工作顺利推进。

二是坚持速度服从精准，确保精准到位。按照"速度服从精准，精准优先"的原则，龙州县在开展入户识别"再回头"活动中，严格对照评分标准要求，重点对全县精准识别平均分数线以下的农户、低分户、"1人1户""2人1户"以及汇总分数等再次进行全面检查核实。通过两天"再回头"，该县已全部完成12个乡镇共18787户70257人的复核，为下一步精准识别贫困户，加快推进精准扶贫、精准脱贫工作打下了良好基础。

三是坚持贯彻"三找三真",确保扶贫实效。在开展精准识别贫困户贫困村工作过程中,龙州县始终围绕"三找三真"(三找:找穷户、找穷根、找富方;"三真":真扶贫、扶真贫、真富民)的目标要求,针对每一位农户填写的《龙州县"找穷户、找穷根、找富方"情况统计表》,重点在缺劳力、缺技术、缺产业、缺人才、因家中有读书郎致穷等方面找准致穷根源,并区分每村每户不同情况,重点在农业综合扶贫、工业产业扶贫、边境贸易扶贫、文化旅游扶贫、教育培训扶贫、劳务输出扶贫、易地搬迁扶贫、交通路网扶贫、金融扶贫、政策兜底等方面制订精准扶贫计划,切实为每一个贫困户找准致富脱贫的良方。

——摘自 2015 年《广西精准脱贫攻坚简报》

龙州县 2017 年贫困人口动态调整暨精准扶贫项目库建设工作培训会

第二节　五支队伍"结穷亲"

习近平总书记指出："'人心齐，泰山移。'脱贫致富不仅仅是贫困地区的事，也是全社会的事。要更加广泛、更加有效地动员和凝聚各方面力量。"龙州县充分发挥驻村第一书记、驻村工作队、帮扶责任人、粤桂协作、社会力量五支队伍的作用，凝聚脱贫攻坚合力，为打赢打好脱贫攻坚战提供坚强的组织保障。

驻村第一书记挑大梁

选派思想好、作风实、能力强、愿意为群众服务的优秀机关党员干部担任驻村第一书记，为贫困群众找好"领路人"。驻村期间，第一书记与群众同吃、同住、同劳动，逐户走访交流、摸清村情民意，为群众办实事、办好事、办难事，以实际行动推进脱贫攻坚。

逐户走访了解民意

■ 故事一：村里来了个"跑腿"书记

2015年10月，广西壮族自治区公安厅交通警察总队徐洋到上龙乡新联村担任党组织第一书记。

驻村开始，徐洋就花了一个多月的时间，深入了解新联村贫困户"家底"、村情民意、村"两委"班子建设等情况。

在掌握该村基层组织建设软弱涣散的问题后，徐洋与村"两委"干部进行谈心交流，深入了解问题存在的原因，并通过召开组织生活会，讲方针政策、谈工作方法，逐个化解心中的矛盾，村"两委"班子凝聚力、向心力明显增强。

"现在班子拧成了'一股绳'。以前十点钟开会，有些人十点半才来，会上还交头接耳，我严肃地讲过几次。每次开会我都提前到场，现在开会大家都提前十分钟到场，场面活跃，每个人都积极发言，议事严肃认真。班子队伍面貌有了明显改观，老百姓也信服，工作开展起来方便多了。"徐洋露出舒心的笑容。

如何在稳定蔗糖产业的基础上，发展别的产业增加收入？

徐洋多次走访调研，问策取经，形成新联村扶贫开发产业可行性报告，与乡党委政府班子、村"两委"班子多次讨论推敲，最终明确了把发展种鸽养殖作为新联村脱贫致富的龙头产业。

徐洋说："刚开始想发展蔬菜种植，但经过市场调查后，发现销路问题难解决，一旦出现滞销情况，蔬菜放置时间过长，容易亏损。养鸽就不一样，效益大，市场前景也好，而新联村辖内为国家级自然保护区，具有良好的生态资源、气候资源等优势，非常适合养鸽。最关键的是找到了愿意合作的公司。"

一心为民干实事的徐洋，马上动员新联村"两委"班子和党员致富能手，成立了龙州县联昇专业合作社，争取到各方资金共107.17万元。2016年10月建成了新联村科学种养一体化种鸽养殖示范基地，采取"合作社+

公司＋基地＋农户＋市场"的五位一体经营模式，由联昇专业合作社与南宁威科达科技有限公司签署 6 年的购销协议，种鸽养殖、产蛋、孵化的技术指导由公司提供指导，并且由公司包销，解决了技术和销路问题。

第一书记徐洋指导养鸽合作社分红工作

面对陌生项目，村民不信任，都不愿意加入合作社。徐洋先给村"两委"班子讲清产业发展的效益问题，随后分片分组挨家挨户动员，给贫困户分析收益，逐渐消除群众的疑惑，解除他们的思想包袱。

"从开始的只有 20 户贫困户加入合作社，到现在的 105 户，足足占了全村贫困户的94.6%，很不容易，这是前后动员8次的结果。2018年，基地开始有了收益，余下的6户也主动找我，申请加入合作社。"徐洋深有感触地说。贫困户加入合作社只需要500块钱的饲料费，相当于入股费。

基地建成仅半年就出栏售卖乳鸽，收入6万余元。2018年，该项目占地2300平方米，建设3个养殖大棚，养殖种鸽4000对，目前每天孵化乳鸽量平均200只。

"他头脑灵活，见识多，什么事都带头干，敢说敢做讲话算数，有威信。我们大家相信他，也很愿意跟着他干。"作为新联村致富带头人的陇孟屯队长何汉飞，谈起驻村第一书记徐洋，言语中充满了赞许。

驻村工作队服务群众"最后一公里"

2016—2018年，全县累计选派768名驻村工作队员，并实行"五个统一、两个保障"的激励办法，为驻村工作队员"统一配发电动自行车、统一安排安家费、统一购买人身意外伤害保险、统一安排健康体检、统一工作马甲"的"五个统一"，每个工作分队"保障工作经费4万元，保障贫困村第一书记帮扶经费5万元、工作经费1.5万元"的"两个保障"，激励驻村队员用心用情，真正把扶贫工作做到了贫困群众的心坎里。

配发驻村工作队员电动自行车127辆

■ 故事二：马天冬：倒在扶贫路上的驻村队员

2018 年 3 月 21 日，原龙州县地税局派驻金龙镇立丑村驻村工作队员马天冬的生命匆匆定格在 46 岁。这位在扶贫攻坚一线上劳碌奔波的驻村工作队员因突发脑溢血，不幸永远长眠于他矢志未酬的扶贫路上。

立丑村与越南仅一山之隔，地处偏远，土地贫瘠，群众收入单一，全村共有 224 户 915 人，其中 81 户建档立卡贫困户分散在大山深处。

马天冬在立丑村

2017 年 9 月，马天冬扛起背包来到立丑村，从此开始了他的驻村工作之行。

马天冬到位后，积极配合村委会立规划，跑项目，培育农业支柱产业，走访群众，找穷根、谋出路，着力解决村里水、电、路、住房等困难问题。

村委会主任王建国的工作日记本上详细记录着马天冬为村里做的每一件实事、好事：（1）帮立丑村谷望屯到逐立屯道路硬化筹款 60 万元，受益 915 人；（2）帮布苏屯到谷望屯道路硬化筹款 50 万元；（3）帮逐立屯公共文化活动中心筹款 25 万元；（4）帮谷望屯人饮工程筹款 25 万元；（5）帮廷弄屯人饮工程筹款 25 万元；（6）帮逐立屯人饮工程筹款 25 万元……

王建国说，马天冬协助村委会共为村里争取到上级项目资金 339 万元，全都投到村的公共事业建设上，争取原县地税局划拨危改补助专项资金 7.6 万元，为黄民学、廖剑君等 8 户贫困户完成危房改造，得到了村民点赞。

提起马天冬，贫困户廖剑君哽咽地说："以前我的家是木屋结构，人跟牛住在一起，很臭，每逢下雨没有地方躲。他多次来动员、支持我建新房，还帮助我申请补贴和筹集资金共 4 万多元，现在建起了又大又宽的新房，住得很舒服。突然他就走了……我不会忘记他的。"

马天冬出殡当日，村干部和几十名村民自发送他最后一程，"愿他一路走好"。

结对帮扶亲如一家

2016 年以来，龙州县 7000 多名党员干部与贫困户结对帮扶，实现结对帮扶全覆盖。帮扶干部每月入户一次以上，及时了解贫困户的生产生活困难问题，及时帮助协调解决，特别对照"两不愁三保障"脱贫摘帽标准，针对贫困户的短板缺项，制定"一户一策"精准帮扶措施，加强政策宣传，引导贫困户转变思想观念，帮扶贫困户积极发展生产经营，促进增收脱贫。

帮扶干部与帮扶对象共庆入住新居

■ 故事三：夫妻同心　接力续航

"快打电话给医院！赶紧让他们过来抢救梁老师！"

2016年8月4日，下冻中心小学数学教师梁红的生命就此定格。

梁红的妻子林艳秋哭够了，擦干了眼泪，继承了丈夫未竟的事业。"老梁在扶贫这件事上非常用心，甚至多过了对孩子的关心，孩子常跟我说，他也想当爸爸的贫困户"。

梁红老师帮扶下冻镇洞埠村的4户贫困户。他引导贫困户黄天务转变"等、靠、要"的思想，鼓励他利用小额信贷发展生产。在他的帮助下，黄天务利用金融扶贫小额贷款4万元，用于边贸合作社的投资，增加了收入。经过努力，黄天务一家不但成功脱贫，还盖起了新楼房。

"梁红真把贫困户当家人，平时入户还帮助农户打扫屋内卫生死角，清运庭院垃圾，农户有什么问题，他总是在最短的时间里帮助解决。"同学校的老师说。

梁红去世后，林艳秋老师时常到丈夫帮扶户家中帮助解决问题。"走进他们的家中，我仿佛看到了老梁入户工作的身影。我总想和他们多聊会儿天。"说到这里，林艳秋哽咽了，"帮扶了这么久，帮出了感情，农户就像我们的家人一样。"

"林老师的工作很忙，但还能够继续关心和帮助我，一个女人真的太不容易了，他们一家都是好人！"黄天务说。

粤桂协作携手奔小康

2017年9月，龙州县与广东鹤山市结成帮扶协作关系，建立联席会议推进工作机制，加强人才交流、资金支持、产业开发、劳务合作等方面协作。鹤山市派出教师、医生等人才支援14人次；2018年共投入帮扶资金5380万元，推进甘牛养殖等项目24个；建立扶贫车间5个，吸纳贫困户就业 114 人；组织用工招聘会 5 次，达成就业意向 900 多人；异地办班 7 期，培训龙州干部 430 人，培训致富能手、贫困户共 112 人。

鹤山企业与贫困村签订劳务合作合同

甘牛生态养殖那渠园

市扶贫办主任张卫红动员群众外出务工增加收入

■ 故事四：粤桂扶贫：残障人也可以撑起一个家

"我觉得我快活不下去了，那么多的债我该怎么还？孩子还要上学的呀！"39 岁的何云娟，是上金乡两岸村大岸屯的贫困户，肢体三级残疾，家里特别困难。她没有工作，为了孩子的生活费，她已欠下了许多债务。

正当何云娟觉得生活无望的时候，一个契机改变了她的人生和家庭。

2017 年 11 月 15 日，鹤山市与龙州县两地联合举办了首场针对贫困地区残疾人就业的专场招聘会。就是这个平台，让何云娟有了到鹤山市工作的机会，出现了人生的转机。

鹤山市残联及时与鹤山市豪爵摩托车配件有限公司沟通并主动介入，指导企业与何云娟签订劳动合同和购买社会保险，给予她关心和照顾。

"我们与何云娟签订劳动合同，帮助她购买社会保险，该帮忙的我们都会积极去帮。而且在市残联的协助下，我们完成残疾人无障碍设施改造，做好宿舍空调配置等，为她提供良好的工作和生活环境。"公司董事长杜勃很关心何云娟。

"刚开始我很不习惯，特别想家，两班倒的工作让我很不适应，也想过放弃，但在办公部经理开导和关怀下，我想到工作机会难得，想到家里孩子的生活费问题和债务，我就坚持下来了。现在，每个月有 3000 多元的收入，我可以继续供孩子读书，家里的债务也可以慢慢还，生活有了盼头。今后会继续努力，不辜负帮助过我的人。党和政府对我真好！"何云娟说。

自力更生的何云娟努力工作，稳定增收，并于 2017 年成功脱贫。

何云娟在工厂

故事五：甘牛真"牛"

2019年4月2日一早，下冻镇扶伦村甘牛生态养殖那渠园里欢声笑语，村民聚集在一起，大家你一言我一语，热闹非凡。

原来，这里正在举行粤桂扶贫协作项目首批肉牛出栏仪式，并给入股群众分红。

扶伦村那渠屯的贫困户周子飞是本次分红的得益者之一，现在收入增加了，他对养牛脱贫充满信心。"我不仅可以通过入股公司获得分红，还可以种植玉米、收集甘蔗叶给公司做青饲料加工获得收入。下一步，我也想养几头牛，到时候卖给公司，又能赚一笔了。"周子飞说。

甘牛项目落地龙州来之不易。2018年5月，鹤山市驻龙州工作队员放弃"五一"假期休假，连续三天与甘牛公司的董事长谈龙州的脱贫情况、政府的政策红利、养牛资源优势等，打消甘牛公司董事长的疑虑。龙州党政领导也亲赴鹤山拜访，以十足的诚意邀请甘牛公司到龙州发展。

在鹤山市与龙州县两地党委、政府的努力推动下，鹤山企业于2018年12月来到龙州投资成立甘牛公司，致力于甘蔗牛生态循环产业。龙州县有关领导和部门积极协调、用心服务，推动那渠养殖园建设，仅用1个月时间就建成了一期牛棚并养牛300多头，实现269户贫困户分红49855.9元。

甘牛公司目前正在计划扩产，力争养牛2000头，并通过甘蔗尾梢青储饲料、牛粪制造有机肥料、有机肥料回田增收等合作带动方式，帮助参与合作的农户增收，预期带动参与养牛产业的村民每养殖一头肉牛获得5000元左右的收益。

扶伦村村委会主任闭忠威说："甘牛生态养殖那渠园能落户到扶伦村，是得益于粤桂扶贫协作和县委县政府关心和支持。扶伦村及269户贫困户通过与甘牛公司合作经营，仅投入运营三个月时间就获得分红，大大鼓舞了乡亲们参与的积极性。下一步，村'两委'将动员更多的群众加入甘牛公司那渠园养殖，带动贫困户增收致富。"

入股贫困户领取分红

社会力量合力攻坚

习近平总书记强调，脱贫致富不仅仅是贫困地区的事，也是全社会的事。要更加广泛、更加有效地动员和凝聚各方面力量。龙州县大力倡导社会各方面力量参与脱贫攻坚，注重发挥市场、社会组织和公民个人的优势，形成脱贫攻坚的强大合力。同时，充分利用"扶贫日"契机，启动脱贫摘帽帮扶广场系列活动；开展扶贫捐赠、政策宣传、务工帮扶、成果展示等活动，营造了全社会共同关心、共同参与精准帮扶的良好氛围。

龙州县脱贫摘帽帮扶广场活动启动仪式

企业用工招聘会

■ 故事六：一颗热心温暖社会

"脱贫攻坚，不仅仅是党委、政府和帮扶干部的责任，更是全社会所有人员共同的责任。"龙州惠民门诊部负责人、玉林商会会长朱伟锋这么说也这么做了。

他带领门诊部医护人员利用业余时间分别对水口共宜新村和城南幸福家园的贫困户入住情况进行电话询访，到安置点及贫困村开展义诊等，主动参与龙州县脱贫攻坚各类捐赠活动。2017—2018年，他个人捐赠资金及物资折款共16600元。

他还利用玉林商会会长的身份，动员玉林商会会员大力支持水口镇罗回村"第一书记"特色麻鸭养殖产业项目建设，支持成立合作社，充分发挥商会优势，在县城开设了两个代销点，帮助其宣传和销售产品。如今，连同饲养、屠宰、冷冻，整个项目可提供300个就业岗位，罗回村贫困群众实现了"在家门口就业"。

他多次组织会员走访贫困村，深入了解各村帮扶需求，充分发挥各会员单位资金、信息、市场、技术等方面的优势，给予罗回村贫困户劳动力转移就业、发展扶贫产业等方面的支持。同时，免费为罗回村各屯安装路灯，设置村、屯名标识牌，开设村务公开栏等，改善村容村貌。

"我为能够参与全县脱贫攻坚而感到荣幸，我将和玉林商会、惠民诊所的全体会员和员工积极支持这场脱贫攻坚战！"朱伟锋说。

朱伟锋是非公有制企业、非公有制经济人士参与脱贫攻坚的一个缩影。

龙州县深入开展"百企扶百村""寻找扶贫领域出彩非公有制企业（商会）和非公有制企业人士"活动，共有39家本地企业结对帮扶47个贫困村。2017年，非公有制企业（商会）、非公有制经济人士捐资助学6.71万元，捐赠扶贫款375万元，电视机307台、电风扇110台、棉被472床，捐赠援建20千瓦光伏变电站1座和教学物品、化肥等物资一批，折合人民币338万元。

玉林商会慰问贫困户

第三节 开好富方"拔穷根"

龙州紧盯建档立卡贫困群众实现"两不愁三保障"目标，针对致贫原因精准施策、开好致富方。坚持把产业扶贫作为主攻方向，发展"种、养、贸、游、工"五大扶贫产业，努力做到户户有增收项目、人人有脱贫门路。坚决落实安全住房、义务教育、基本医疗有保障，确保住有所居、学有所教、病有所医。

五大产业拓宽增收渠道按照"有特色产业"和"一村一品"的要求，实行产业"以奖代补"的政策，发放金融扶贫小额信贷，大力实施"种、养、贸、游、工"五大产业扶贫，重抓糖料蔗、食用菌、澳洲坚果、火龙果等种植业；强化企业、合作社、党支部和致富能手带动，发展牛、羊、蜜蜂、猪、鸡等养殖业；发挥口岸优势组建边贸互助组，引导边民参与互市贸易、参与边贸运输、货物装卸、入企务工、申报代理等解决就业问题，促进增收；发展生态旅游、生态扶贫产业，建设乡村旅游区；重点抓坚果加工业和转移就业，多渠道增加农户收入。

广西龙州县：小蘑菇撑起"致富伞"助推精准脱贫

"近年来，龙州县充分发挥气候条件、食用菌种植原料丰富的优势，因地制宜培育发展食用菌产业，开辟了一条脱贫创收新路径，小小蘑菇为广大贫困农户撑起了脱贫'致富伞'。"广西龙州县委副书记谢国志表示。

10月30—31日，2017年中国食用菌行业秋季博览会暨第二届食用菌产业精准扶贫经验交流会在广西龙州县举办，来自国际组织和东盟国家的代表，全国食用菌行业的专家、企业家和政府部门代表约600人齐聚龙州，共同交流展示食用菌产业创新及科研成果和国内外优秀产业模式，助力食用菌产业脱贫与"一带一路"建设。

"广西地区有大量的生产可利用资源，食用菌产业是一个变废为宝的循环产业，在国家'一带一路'政策的支持下，广西将积极推动食用菌产业设备、人才、技术全面走出去，加强和东盟国家的合作。"中国食用菌协会常务副会长高茂林介绍，2016年度广西食用菌总产量129万吨、总产值115亿元，总产量总产值连续四年保持"双百"，分别比2005年的34万吨、13亿元增长279%和785%，实现了喜人的"十二连增"。

龙州县副县长陆芳表示，龙州县毗邻越南，是广西最早对外开放的通商口岸，其优越特殊的地理位置成为食用菌行业打开越南及其他东南亚市场的快速通道，有助于提高农户的收入，提高生活质量。

陆芳表示，食用菌产业覆盖龙州县5个乡镇10个行政村，培育了

2 家龙头企业和 34 个专业合作社，辐射带动农户 600 户，其中贫困户 400 户，实现增收 2.4 万元以上，成为当地农民增收的新亮点。

据介绍，龙州县食用菌种植的主要品种有平菇、秀珍菇、黑木耳、草菇、香菇、灵芝、茶树菇等，2016 年种植面积 15 万平方米，总产量 750 吨，总产值 1500 万元。通过企业、合作社带动作用，培育壮大食用菌产业的发展，实现农民增收助力攻坚脱贫。2017 年预计全县食用菌种植面积将达到 50 万平方米，总产量 2500 吨，总产值 3000 万元。

以广西龙州北部湾现代农业有限公司采取"公司＋合作社＋贫困户"模式助力增收为例。该公司建设的 56 个常温出菇大棚，由贫困户组成 28 个合作社，每个合作社负责管理 2 个大棚，每个大棚 8 人。一个大棚一批可种植菌棒 3.6 万个，50 天一造，一年可种植采收 7 造，预计每个大棚可年产菇 8.8 万公斤。按每公斤保护收购价 9 元计，扣除成本后，每个大棚年收益约 16 万元，每个贫困户每年收入达到 2 万元，共可帮助 448 户贫困户脱贫。

——摘自中新网

2017 年 11 月 1 日

链接二

厉害了！崇左龙州种植澳洲坚果达 3.9 万亩

"我很喜欢吃这里的澳洲坚果，香香脆脆，每次来我都买一些回去。"10月17日，到龙州旅游的宾阳籍游客施海芳女士说。

近年来，龙州县充分发挥沿边及生态优势，大力发展澳洲坚果产业，促进农村经济发展，加快群众脱贫致富步伐。据统计，目前该县累计种植澳洲坚果达3.9万亩。其中，2016年种植2.6万亩；2017年种植任务1.5万亩，秋后就发苗种植；已进入初果期875亩，进入盛产期300亩。

据悉，为加快培育新的经济增长点，龙州县提出，在"十三五"期间，全县新种植澳洲坚果面积要达到10万亩以上。同时，将进一步发挥其沿边优势、口岸优势、资源优势以及国内外两个市场两种资源优势，加快推进以坚果生产加工产业为主导的龙州边境经济合作区建设，争取到2020年，全县坚果加工达到40万吨，产值300亿元，把龙州打造成为全国最大的坚果进口基地、全国最大的坚果落地加工基地和全国最大的坚果交易基地。

——广西新闻网

2017年10月9日

■ 故事一：一根甘蔗富万家

"有什么办法能让我脱贫吗？我想做个脱贫计划。"龙州镇镇秀村甲漏屯建档立卡贫困户陆赞光对帮扶责任人这样说。

由于家庭贫困，2015年，陆赞光被评为建档立卡贫困户，但对于脱贫，他有自己的想法："我被评为贫困户，可以享受到一些政策，但我不想总是戴着贫困的帽子，感觉丢脸。孩子去读书还怕别人说闲话，笑我们是贫困户。只是靠政府帮扶也不行啊，自己也要做才行，自己做才有出路。"

在陆赞光考虑如何脱贫时，契机来了。龙州县实行产业"以奖代补"政策，发放扶贫小额信贷，引导贫困户投入农村增收产业发展项目。于是，陆赞光和帮扶责任人一起制订种植甘蔗脱贫致富的计划。在政策扶持下，他起早贪黑、风雨无阻地种了10多亩甘蔗。化肥补助、甘蔗低产改造以奖代补、农业地力补贴和农村低保生活补助金等资金也陆续到位。

特别是2016年8月，陆赞光申请到了用于甘蔗生产等产业发展的政府贴息小额信贷30000元。有了这笔政府贴息小额信贷扶贫资金后，陆赞光更加放开手脚去发展生产。2010—2015年他种甘蔗每年才产50多吨甘蔗，有了扶贫信贷资金后，他用来买甘蔗种苗、化肥，用机械进行机耕种植，通过土地流转形式，2016—2018年增种到26亩，每年入厂的甘蔗都在130吨左右。同时，也种上了一些西瓜，并且负责管理村里的养鸭场，额外获得一份工资收入，从而增加了家庭收入。2014年陆赞光的家庭稳定纯收入仅为5000元左右，但实施"脱贫"计划后，2016、2017、2018年逐年增加到了23000元、38000元和48000元。

"陆赞光很努力，种甘蔗都比较成功，村民推选他为甲漏屯一队队长。2017年脱贫了，陆赞光的土坯房已经变成了楼房，生活得更好了。他能够脱贫是他勤劳致富的结果。"龙州镇镇秀村工作组副组长林家庆对陆赞光很赞赏。

现在，陆赞光对新的一年又做了计划："2019年，我要再增加11亩42号桂糖甘蔗，同时我也要帮助身边的人，让他们脱贫致富。"

在龙州县，甘蔗种植已经成为贫困户持续稳定增收的一个重要支柱产业，全县种植甘蔗50万亩，其中1.05万户贫困户种植8.4万亩，占贫困人口75.07%；截至2018年底，全县累计完成"双高"基地建设21.86万亩，2017—2018年榨季全县甘蔗产量达232.6万吨，比前一榨季增产18.9%，蔗农收入11.63亿元，甘蔗产业人均增收870多元。

碧绿的蔗海

陆赞光的"甜蜜事业"

■ 故事二：贫地结"富果"

"这个火龙果基地夜景太壮观了，真没想到龙州竟然有这样一个地方。"上龙乡彩港火龙果灯海的图片、小视频一夜间刷爆朋友圈，许多游客纷纷前来观赏、拍照。从此，原本名不见经传的火龙果基地以绚丽的姿态进入了龙州民众的视野，并带动一方群众过上了红火的生活。

2015 年，龙州县委、县政府成功引进崇左彩港农业有限公司，建设了上龙乡、彬桥乡南亚所两个共计 1700 多亩的"金都一号"火龙果基地。2018 年，规模扩大至 4300 亩，当年实现产量 1200 吨，产值 1500 万元。

该公司采取"公司 + 合作社 + 农户"的经营模式，政府利用政策给予扶持服务，创办扶贫车间吸收 283 户贫困户以小额贷款入股分红，吸收 500 户贫困户委托经营入股，仅 2018 年就给贫困户发放入股红利 98.6 万元。获得红利的同时，贫困户自己到公司务工，每天的务工收入有 80 元。2018 年，上龙乡 5 个企业扶贫车间共为周边贫困户提供就业岗位 224 个，务工人员月均工资达 2200—3000 元。

"以前一直在外地打零工，收入不稳定，现在到彩港火龙果种植基地不仅工作稳定、收入增加，还能学到火龙果种植管理技术，希望今后可以自己种植火龙果，创业加盟公司品牌，增加收入来源。"民权村板曲屯贫困户梁忠伟乐呵呵地说。

该公司总经理梁庆军说："我们鼓励贫困户在火龙果基地参与生产管理，学习一些技能，让他也能自己种。到 2018 年底，我们采取理论与现场指导相结合的方式，开展火龙果种植技术培训，培训了 1500 多人次。"

上龙乡武权村那赧屯贫困户农满东在彩港农业公司的帮助下种植 4 亩的火龙果，2017 年开始挂果收获，2018 年火龙果总收入达 3 万元。脱贫后的农满东说："我对今后的致富路信心满满！"

上龙彩港火龙果基地夜景

■ 故事三：小蜜蜂酿造甜美生活

"村里养蜂的不多，可以打开这个缺口。"彬桥乡彬迎村弄岭屯养蜂人黄民家说。

黄民家是村里养蜂规模最大的蜂农，拥有400多个蜂箱。2016年，在全县上下齐心协力搞精准扶贫之际，黄民家主动参与精准扶贫工作，推行"合作社＋贫困户"的模式，合作社为贫困户提供蜂种、技术指导、统购、统销，全程支持。

他利用社会帮扶资金和政府财政专项扶贫资金，采购蜂箱400多箱（含蜂群），发放给82户愿意参与蜜蜂养殖的农户，其中62户贫困户。合作社发展社员82户，其中贫困户54户。合作社年产值280万元左右，贫困户年人均纯收入达6000多元。

彬桥乡绕秀村扣孟屯贫困户林才力说起蜜蜂养殖，自信满满："我现在养殖30个蜂箱，已经卖出了100多斤，增收8000多元，有合作社带动，技

驻村技术人员上门传授养蜂技术

术上不存在困难，销路也不存在问题，可以散卖也可以给合作社寄卖，脱贫更有盼头了。"

光靠加入合作社还不够，培养养蜂技术是关键。"因为传统引养野生蜜蜂的方式，死亡率高，产蜜量少，蜂群逃跑，刚好我有这个技术，没有理由不帮助大家。"2017 年，黄民家被聘为龙州县科技特派员，负责全县蜜蜂养殖培训指导。

他不辞辛苦，认真谋划，在政府支持下，推动了弄岭屯中蜂活框高效养殖示范基地和中蜂良种繁育中心的建设。2017 年，同时开展春季中华蜂养殖技术培训班，参加培训 125 人，其中贫困户 95 人。

"除了参加黄民家的培训班，平时有疑问我都会打电话给他，他都很耐心地告诉我方法技巧。我已经卖出了 40 多斤蜂蜜，增收 3000 多元。我们发家致富靠的就是他的蜜蜂养殖，我们真的很感激他。"下冻镇洞埠村贫困户陈大庆笑着说。

蜜蜂养殖培训现场

■ 故事四：三轮车跑上致富路

在中越边境水口口岸的边贸市场，当地居民开着一辆辆装载着东盟国家水果、坚果、冷冻海产品的三轮车驶入货场，来回运输、装卸，呈现一派繁忙景象。

水口镇共和村驮怀屯贫困户李艺一家，靠着互市贸易运输、互市贸易申报，日子过得越来越红火。2017 年，李艺、黄彩仙夫妻两人加入边贸互助组，开始跑起边贸运输。2018 年，仅靠参与边贸，家庭年收入达到了 6.5 万元。"我们夫妻俩自从加入了互助组，存了点钱，希望明年买一辆车，相信在政府的带领下，一定能实现！"李艺信心满满地说。

互市区内车辆装货、等待查验、卸货秩序井然，边民手脚麻利，速度快、效率高。"以前大家为了拉货拉得多一点，偶尔会互不相让。现在有了互助组，大家都分组行动，通过微信就能召集组员拉货信息，一天拉的货和以前相比多了很多，收入也比以前高了。"下冻镇扶伦村那造屯互助组组长何子威说。

龙州县充分利用国家给予边民每人每日互市贸易额 8000 元以下免征进口关税和进口环节税的扶持政策，采取"边民参股、集体经营、贸工结合、规范管理"的模式，在水口镇率先试点成立边民互市专业互助组，由党员致富能手担任带头人，吸纳边民及贫困户加入互助组。截至 2018 年底，全县成立边贸互市组 221 个，引导 4045 人贫困户加入互助组，参与边贸运输、装卸、进出货物代理，实现年人均增收 2000 元左右。

李艺和他
的三轮车

热闹繁忙的
水口口岸

■ 故事五：樱花谷，让山里人吃上"旅游饭"

龙州县逐卜乡逐卜村板弄屯的樱花谷，流传着一个如樱花一样美丽纯洁的故事。

"故事要从樱花谷三眼泉旁名为'世纪之吻'的两个石头说起。"逐卜乡逐卜村党总支书记、村委会主任张立荣娓娓道来。

相传骆越先祖阿樱和妻子阿花，上山砍柴采药，路过一个山涧时，救下两只白头叶猴，二猴感恩，四目竟如人一般流泪不止，阿樱和阿花惊讶不已。后来，阿樱为了保住三眼泉变成石头镇住了山妖，阿花为了爱情也化为巨石守候在夫君旁边。两只被二人救过的猴子感激恩情，便迁徙到"世纪之吻"石头旁边的山上生活，守护着"世纪之吻"以及阿樱阿花舍命守护的泉水。彻底消灭山妖以后，两只灵猴也功德圆满，得到天庭旨意羽化成仙。在临行前，为了守护两位救命恩人以及地方百姓，它们用法力将各自真身封于石山之上，希望永远在这里守护"世纪之吻"及地方平安。

樱花谷不仅有美丽的传说，还有美丽的风景，四周青山环绕，空气清新，聚集50余种鸟类，具有开发旅游业的潜力和优势。

"我想了很久，也到我国台湾地区等地考察乡村旅游。因为单靠种植黑皮甘蔗，增收门路不多，发展空间不大。"带领村民种植黑皮果蔗脱贫致富的张立荣说起当初发展乡村旅游的想法，"我发现乡村旅游市场有很大的发展空间，而且板弄屯山清水秀，气候宜人，是建农家乐的好地方。"

说干就干，张立荣开始筹建樱花谷农家乐。"当时我们和村民商量的时候，他们持怀疑态度。他们认为逐卜没有什么旅游资源，觉得我们在开玩笑。"面对村民的不理解，张立荣没有气馁，他挨家挨户地做村民思想工作，争取到7户村民入股，每户入股少的20万元，多的40万—80万元，有了启动资金，樱花谷农家乐项目建了起来。

2017年5月30日，樱花谷农家乐开始试营业，效果比预想的好。每月营业额少的也有 50 万元左右，最高的月份有 100 万元左右，原先观望的村民纷纷要求加入合作社。

"经营起来后，入股的贫困户越来越多。我们吸收全乡 330 户贫困户入股，现在他们的效益主要是分红，按协议每年到年底按一年给他们 8% 来分红。在这里正常上班有 8 户贫困户，每户一般按工种来算，每个月最低有 1800 元、最高有 3000 元的收入，以工种来定工资，从这个方面我们也解决他们就业的问题。"张立荣笑道。

"政府给了我 5000 元产业奖补资金，我拿来入股樱花谷，每年的分红得到 8%，那今年就得 400 元，三年到期就得 1200 元。政府真是太好了，现在我还在樱花谷做工，每个月还能拿到 2000 到 3000 元的工资，我现在已经脱贫了。"逐卜村板弄屯村民张伟民喜笑颜开。

龙州县大力发展乡村旅游产业，2018 年，全县乡村旅游覆盖 5749 户 28745 人，其中吸纳贫困户参与入股合作社及务工有 682 户 3410 人。乡村旅游区和农家乐覆盖 10 个乡镇，共投入 6000 多万元用于乡村旅游基础设施建设，实现接待游客人数 472 万人次，同比增长 36.67%，旅游总消费 48.3 亿元，同比增长 30.19%。

樱花谷山清水秀

■ 故事六：昔日农民 今日产业工人

2016 年 10 月，龙州县财政投入 1 亿元建设 5 万平方米标准厂房，建设水口边贸扶贫产业园。园区充分利用进口的坚果、冰鲜水产品、粮油、水果等原材料进行加工生产，安排易地扶贫安置人员、边民及引进越南劳务工人入园入企工作，增加贫困户收入。

截至 2018 年底，已有 13 家坚果加工企业，其中 5 家已投产。提供就业安置岗位 3800 多个，年产值约 2.5 亿元。

"过去家里的经济收入主要靠种植甘蔗，种植亩数少，全年经济收入 10000 元左右，这对于养活一个五口之家而言，远远不够。"谭梅红目前是水口边贸扶贫产业园内一家坚果加工企业的员工，新入职未满一个月的她对

樱花谷山清水秀

当前的经济收入感到满意。谭梅红家里有 4 口人，以前依靠领取低保维持生活。企业投产开工后，优先向贫困户提供工作岗位，她便抓住机会应聘，经公司培训后上岗工作。"现在每天分拣坚果，大概一天能挣 60 元，收入要比过去稳定得多。"

"中国企业的工资待遇福利比较好，龙州离越南很近，边境居民语言相通，吸引了很多越南人过来务工。"今年 21 岁的越南高平省居民冯氏玉说，她的家庭并不富裕，过去在越南靠务农维持生计。2018 年 4 月，她获得了进入水口边贸扶贫产业园工作的机会。目前，她每月工资收入约 2200 元，享受包吃包住等福利。"我以后想学中文，未来到更大的中国企业上班。"

水口扶贫产业园

一人就业全家脱贫

三大保障提升幸福感

龙州紧抓安全住房、义务教育、基本医疗三大民生重点，以确保贫困群众住有所居、学有所教、病有所医为目标，着力提升群众幸福感，坚持"先搬迁、再危改、后修缮，给群众利益最大化"的工作思路，实行"八包"责任制推进易地搬迁建设，加快危旧房改造，党员代建，加快旧房修缮；狠抓义务教育保障，"两线四包"抓控辍保学，落实教育补助政策，实施初中生职业渗透教育，阻断贫困代际传递；狠抓基本医疗保障，构建新农合制度、大病统筹、民政救助、小额人身保险等四重医疗保障制度，实施健康扶贫疾病分类救治工作，彻底解决因病致贫返贫问题。

■ 故事七：穷在深山有党关心　今日迁往幸福家园

中山村陇山片区位于弄岗自然保护区莽莽深山中，是龙州唯一无法通路的村庄，易地扶贫搬迁前，在此居住的 21 户村民还处于点煤油灯、住茅草屋，进山出山只能爬山路，来回一趟需要 7 个多小时的境况。易地搬迁抽签入住前一日晚上，陇山片区下起了大雨，21 户村民被困山中，无法如期参加抽签，本着公平公正的原则，仪式延期一周进行。得益于易地扶贫搬迁政策，2017 年底，仅剩的 21 户村民终于整村搬迁出山，落户到上金街古城安置点。

"简直不敢相信我这辈子还能住上平房，以前我们几个月才出去一次，肩挑黄豆和花生到街上换大米、买油盐，现在好了，家里通电通水，家门口就有便利店和菜市场，再也不是以前的苦日子了！"中山村企鸟屯贫困户农伟红说。农伟红一家 8 口人，2017 年底住进了 150 平方米的安置房，经过扶贫干部牵线搭桥，农伟红的两个儿子还在县城找到了工作，现在家庭年人均收入已超过 8000 元。

"当一方水土养不起一方人，易地搬迁就成了改善群众生存环境和生活条件的最好选择。只要符合条件的贫困户，我们都鼓励他们易地搬迁。"龙州县上金乡中山村第一书记苏杭说，"搬到易地扶贫安置点，贫困群众能过上全新的生活，就业、医疗、教育等资源都给他们配备好了，条件比村里好很多。"

贫困户领取
新房钥匙

搬迁户喜
贴对联

下冻板旦屯
新居与旧貌

上金乡中山村陇
山片区昔日民房

水口共宜
幸福家园

■ 故事八：先诊疗后付费

2018 年 3 月中旬，上降乡里城村 70 岁的贫困户仇会林又住院了。"老病号"的他因脑出血、慢性阻塞性肺疾病等多种疾病住进龙州县人民医院。

"住院 11 天，各项检查费、住院费、药费等共需 16300 多元，新农合报销 11500 多元，大病保险报销 600 多元，医疗救助 1700 多元，剩下 2000 多元本应由仇会林自己出，但他属于因病致贫的贫困户，政府给他兜底。他住院十几天，除了生活费，之后的费用一分钱也不用出。"仇会林的主治医生吕俊彬说。

"那么多的费用都能报销，给家里省了一笔钱，真的感谢政府！"仇会林真诚地说。

龙州县还从政策保障、兜底惠民、延伸服务等方面着手，实施健康扶贫疾病分类救治，实行县级牵头、乡镇实施、村民配合的三级联动推进机制，各乡镇组成工作队深入村屯逐户开展疾病核查。

龙州县还以挂图作战的方式倒逼攻坚，将健康扶贫各项指标任务要求公布上墙，确保每名贫困患者都能得到及时救治和随访管理。同时，将患者分成家庭医生签约管理、乡镇卫生院救治、县级医院救治、区市医院救治四个救治类别，并对属于"9+1"大病救治类的患者进行统计。

"全县 12 个乡镇卫生院与县城 3 家医院结成医共体，按照'小病在乡镇、大病进医院、康复回乡镇'的双向转诊原则，根据病人病情程度选择就医地方，需要上送的要派专车。"龙州县卫生和健康局副局长何世飞说。

对于家有疾病患者的，龙州签约家庭医生按约定定期上门服务，为签约群众提供身体检查、疾病治疗、预防保健等。全县有 41170 名贫困人口参加家庭医生签约服务，签约率达 100%。

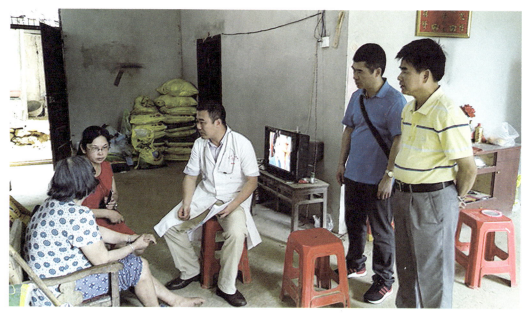

医疗队主动上门为民服务

为群众免费体检

■ **故事九：义务教育"一个都不能少"**

新联村地处弄岗国家级自然保护区边缘，距县城约 20 公里。全村共 8 个村民小组，480 户 1836 人，建档立卡贫困户共 111 户 385 人，属贫困村。全村有学龄儿童 176 人，其中贫困家庭儿童 44 人。该村"等、靠、要"思想严重，如何做到扶贫同扶志、扶智相结合，彻底解决落后精神面貌呢？

新联村帮扶单位广西自治区公安厅交警总队与龙州县上龙乡党委、政府一道，联合有关部门，针对村里不想上学、厌学、逃学的适龄学生，邀请相关专家，组织全村近百个适龄学生家庭，开展了一次内容为"培育良好家风，构筑幸福人生"的大型"树立好家风 助力精准脱贫"的教育座谈活动。通过学习，黄旭康的父亲说："真没想到我的暴躁性格会影响我的孩子，我还认为是他不争气，现在我知道该怎么做了。"

广西壮族自治区公安厅交警总队政委罗贤瑞说："一些村民之所以贫困，很重要的一个原因就是思想上存在消极的'等、靠、要、比、怨'意识，因此要让他们彻底告别贫困，一方面要激发他们的志气，做好扶志工作；另一方面要注重'扶智'，彻底斩断贫困代际传递。"

第四节　双向认定真脱贫

坚持精准脱贫标准，既不拔高也不降低，严格程序开展贫困户脱贫摘帽"双认定"工作。在这个"如何退"的关键环节上，龙州注重激发贫困户主动脱贫意识。崇左市在龙州县下冻镇峡岗村召开贫困户脱贫"双认定"验收试点，以公开公正的做法赢得贫困户信任；对贫困户退出，必须按照"双认定"的原则进行，还要严格按照贫困户认可，帮扶责任人认定签字，村干评议公示，乡镇、县审核的方式进行。同时向贫困户宣传"2+1"跟踪帮扶政

崇左市贫困户脱贫"双认定"验收试点暨第三方评估模拟（龙州）工作会议

策，讲清说透脱贫后不摘责任、不摘政策、不摘帮扶、不摘监管，切实打消群众疑虑，促使贫困户从"要我脱贫"向"我要脱贫"转变。

■ 故事一："当贫困户不光彩"

上龙乡武权村百索屯贫困户农天陆，全家共 5 口人，除了夫妇俩，上有瘫痪在床的奶奶和母亲，下有还在读小学的儿子。农天陆左手两根手指残缺，属肢体残疾四级。

面对困境，农天陆夫妇不怨天尤人，一边精心照顾瘫痪在床的两位老人，一边发展种植业，在产业奖补政策支持及帮扶责任人的帮助支持下，家里共种植了 15 亩原料蔗、3 亩黑皮果蔗、1 亩多木瓜。

2015 年底，家里的两位老人相继去世，农天陆夫妇便把全部的精力放到发展生产上，夫妇俩每天起早贪黑、奔波忙碌在田间地头，精心打理种植

的甘蔗、黑皮果蔗和木瓜，收入持续增加。

2016 年底，在贫困户脱贫摘帽"双认定"工作开展时，农天陆主动找到工作组要求脱贫。他说："我有手有脚，能干活儿，总戴着贫困户的帽子，孩子看着，真的很不光彩。"在他的强烈要求下，经工作组评估认定，2016年，农天陆家摘掉了贫困户的帽子。

脱贫后，农天陆并不满足于现状，而是想方设法扩大黑皮果蔗种植。但由于百索屯的大部分土地为旱地，涵水性能差，不适合种植黑皮果蔗，于是

上龙乡水銮现代特色农业核心示范区

农天陆利用扶贫小额贷款 5 万元，与本村的几个村民合资建成灌溉水池，实行引水灌溉。

土地得到改良后，农天陆扩种了 4 亩黑皮果蔗，他家黑皮果蔗种植面积达 7 亩。2017 年，农天陆仅种植黑皮果蔗一项，收入就达 10 万元，加上精心管理的原料蔗和木瓜的收入，农天陆实现了家庭收入翻一番的目标，走上了脱贫致富之路。

■ 故事二：抽丝剥茧 脱贫致富

刘海宽，高峰村驮坛屯人，一名看似普通的农民，却有一股敢于冒险的创业精神，自 2013 年在自家住房种桑养蚕以来，至 2016 年，已发展到 500 平方米，年产值 8 万元，富起来的刘海宽并没有忘记村里的父老乡亲，为了带动群众增收，他身先士卒，成了屯里的致富带头人。

2016 年 5 月，驮坛屯建成蚕棚 4 个共 1450 平方米，种植桑苗 150 亩，刘海宽带头发起成立龙州县高峰众群种养专业合作社，并担任合作社的理事长，理事会成员共有 6 户，其中建档立卡户 2 户。合作社成立之初，合作社以"合作社+基地+农户"为管理模式，以分散种养、统一收购、统一销售为运营模式。同年 12 月，为进一步扩大种养规模，龙州县政府以专项扶贫资金 15 万元入股该合作社委托经营，年收益按 8% 作为村集体收入用来完善村基础设施建设。

2018 年，合作社已建成蚕棚 8 个共 2000 平方米，种植桑苗 200 多亩，

年产鲜茧 15000 多斤，年产值达 30 多万元，每年为村集体经济增收 1.2 万元。目前，合作社吸收建档立卡贫困户 11 户入股，每年获得分红 2160 元，11 户贫困户顺利脱贫（脱贫后再巩固）。在 2018 年国家第三方核验中，高峰村以"非常满意"的群众满意度顺利通过验收，并实现"零复核"（龙州县仅有的两个村之一）。同时，为增加效益，提高蚕茧附加价，由响水镇人民政府投资的响水茧站落到高峰村驮坛屯，该项目总投资 25 万元，为下一步合作社发展壮大以及高峰村的经济发展夯实了基础。

对未来充满希望的刘海宽

龙州之智

创新推动"甩帽子"

> 发展是甩掉贫困帽子的总办法，贫困地区要从实际出发，因地制宜，把种什么、养什么、从哪里增收想明白，帮助乡亲们寻找脱贫致富的好路子。
>
> ——习近平 2013 年 11 月 3 日《在湘西考察时的讲话》

在脱贫攻坚实践中，龙州县立足县情实际，聚焦脱贫攻坚重点难点，大胆探索，勇于创新，在易地搬迁、产业发展、健康扶贫、精准帮扶等方面，推出一系列有力有效的工作新举措，成功甩掉国家扶贫开发工作重点县的帽子。

第一节 做足边的文章："易地搬迁 + 边贸扶贫 + 驻边守疆"

"一户人家就是一个哨所，一个边民就是一名哨兵。"

龙州县立足边境实际，积极探索创新"易地搬迁 + 边贸扶贫 + 驻边守疆"的模式，依托边民互市区（点），建设水口、那花、科甲 3 个边贸新城，引导内地群众搬迁到边境一线定居。落实边民补贴政策，利用边民互市贸易免税政策，组建边贸互助组，贫困户通过参与边贸运输、货物装卸、进出口代理等获得多重收入。同时，以建设水口扶贫产业园、发展进口产品落地加工、创建边境经济合作区等为抓手，吸纳加工企业入驻，根据企业用工需求，组织搬迁户和边境村屯群众参加技能培训，促进就近入园转移就业，获得稳定工资收入。该模式把易地扶贫搬迁帮扶一批、边贸政策帮扶一批、产业带动帮扶一批、转移就业帮扶一批融合成一条扶贫经济链，让搬迁户搬得出、留得住、有发展、能致富，实现了脱贫致富和稳边固疆的双赢。

车水马龙的边贸互市

链 接

该模式得到国务院脱贫攻坚督查组的充分肯定，中央电视台《新闻联播》作了专题报道，详细报道请扫一扫二维码。

■ 故事一：我也会做"边贸生意"了

"搬新家啦！"2017 年 11 月 30 日，龙州城南、城北、水口 3 个幸福家园小区内十分热闹，群众们脸上都洋溢着幸福的笑容。原来，今天是 1700 多户贫困户领到自己新家钥匙的好日子，大家正在忙着搬新家具添新家电。

阮新庆一家 4 口人，之前住在水口镇罗回村那文屯老旧的泥瓦房里，如今已搬进了水口幸福家园。"来，看看我的新房子！"100 平方米的新房尽管只是简单装修，阮新庆依然开心不已。

"我也要做边贸生意！"

这是阮新庆多年的想法。以前没有条件，现在有了。自己的新房距离口岸只有 1 公里，走两步就进"东盟"，想做生意，十分方便。

在帮扶干部指引下，阮新庆申请政府补贴购买了一辆三轮车，每天出去做边贸运输，一个月收入 2000 元左右；妻子也进了扶贫产业园区一家食品加工厂打工，每个月也有 1800 元工资。

2017 年底，阮新庆一家顺利脱贫，家里还有了上万元存款，他计划接下来要为两个孩子读书做准备。"只要人勤快一点，有事做，日子会过得越来越红火！"

阮新庆喜迁新居

■ 故事二：我自豪，我是一个"兵"

戴洁振是从水口镇共和村驮怀屯搬迁到水口安置点的建档立卡贫困户。

"我是边境线上的一个兵！"

这是他常说的一句话。2014 年，戴洁振返回家乡，依靠边贸扶贫各项优惠政策，主动参与边境贸易，增加了收入，建了新房，实现了脱贫致富。

戴洁振尝到了搞边贸的甜头，心里想，我现在有时月收入几千元，有时上万元，比以前做其他生意好多了。一定要好好守住这条边境线，因为它是一条"金边"。

戴洁振咨询边贸政策

附近的邻里乡亲看到戴洁振边贸生意做得红红火火，纷纷要求入伙跟他一起干。于是，在帮扶干部的帮助下，戴洁振牵头成立了水口益民边贸互助组，并担任组长。目前，有 500 多人和他一起参与边贸，其中 232 户是贫困户。这些边民通过参与互市贸易，少的每月增收 1200 元左右，多的每月能增收 5000 元左右。

"平时小戴总说我们就是一个'兵'，既然靠边吃边，就要守边固边。"互助组成员闭增南如是说。

第二节 搭建产销平台："第一书记产业联盟"

脱贫攻坚，产业是关键。

为解决贫困村特色产业发展难、产品不成规模、销售渠道不畅等问题，2014 年 5 月，龙州县充分发挥第一书记扶贫组织者作用，引导农民成立专业合作社发展特色产业，组建"第一书记产业联盟"，实现资源、信息、技术共享，抱团发展、互助共进，探索了一条具有龙州特色的可持续发展的产业化扶贫之路。该模式获自治区党委组织部的肯定推广。

如今，龙州县已实现"书记联盟"到"党支部＋合作社＋贫困户"的全线联盟，引导和鼓励党员致富带头人成立了 151 家农民专业合作社，发展种养等产业项目 35 个，辐射带动 5700 户 3.2 万人实现增收脱贫。

广西卫视《第一书记》产业扶贫电商大直播

■ 故事：我是樸矩的"粉丝"

"樸矩有很多好东西。"广西宾阳籍的阮立泳逢人就说。

有一次，他闻知灵芝有镇静安神的功效，就操起手机上"樸矩智慧农业"溜了一圈，之后点击买了一袋。"拿来泡茶饮用一段时间后果然睡得香、吃得好了，真神！"

"樸矩智慧农业"微信公众号是龙州县"第一书记产业联盟"的服务号。打开"樸矩智慧农业"，里面的商品一目了然：生态香米、灵芝茶、山珍酱、养生汤料……看中合意的商品，一键支付，就可以将这些产自大青山山麓的龙州特产买回家。

峡岗村灵芝种植产业喜获丰收

第三节 催生扶贫新业态："观鸟经济"

　　龙州县坚持"绿水青山就是金山银山"的发展理念，依托弄岗国家级自然保护区"弄岗穗鹛"等珍稀鸟类集聚资源优势，着力打造以"观鸟经济"为特色的绿色生态旅游扶贫，通过生态环境保护监管、生态保护小区建设、生态保护知识宣传等多种方式，引导群众发展观鸟经济。县委、县政府先后投资 700 多万元，强化观鸟点道路硬化、村容村貌整治、改水改厕、停车场等硬件设施建设，打造以逐卜乡弄岗村陇亨印支绿鹊观鸟点为中心的国际观鸟基地。连续举办三届中国·龙州"秘境弄岗"国际观鸟节，积极培育致富能手，开启"鸟导扶贫"新模式促进旅游扶贫，引导村民建民宿、筑鸟坑、赚"鸟"钱，涌现出了一批像农伟宏、黄智强一样的"金牌鸟导"。"观鸟经济"带动饮食、住宿、手工艺品等第三产业发展，现已开办农家旅馆 9 处，可同时接待游客 150 余人，年接待旅客量将达到 1 万多人次，带动 166 户每户年增收 15000 元左右。这一举措得到了自治区领导的充分肯定，2018 年中央电视台《新闻联播》作了三次专门报道。

逐卜乡弄岗村陇亨观鸟基地

■ 故事：大山深处有"鸟导"

在龙州县逐卜乡弄岗村有一种新的职业叫"鸟导"。从事这一职业的是当地的村民，他们主要是为"鸟友"安排食宿、扛包和带路去观鸟点拍鸟、观鸟。"鸟导"这个新的职业，不但成为当地"旅游＋扶贫"工作的新亮点，而且成了村民脱贫致富的新路子。

弄岗村陇亨屯村民农伟宏是龙州县弄岗国家级自然保护区聘用的护林员，也是"第一个吃螃蟹的人"。几年来，他苦练本领，能用口哨把十几种鸟的叫声模仿得惟妙惟肖，鸟儿对他来说是"随叫随到"。

"你好，可以帮我叫来几只鸟吗？"

有一天，一个外国人通过翻译问农伟宏。此时农伟宏正准备赶去县城一趟，便说可以呀，不过现在没时间哦。

对方以为是推辞。"我给你50美元。"客人说，显得很有诚意。

那是农伟宏作为"鸟导"的"第一桶金"。

现在每天都有国内外的鸟友前来拍鸟、观鸟。农伟宏给"鸟友"当专职"鸟导"的同时，在家里建起了一个农家小旅馆，一年下来纯收入在6万元左右。

村民看到农伟宏当鸟导很吃香，也纷纷效仿，一些原来在外务工的青年也返乡当起了"鸟导"，仅陇亨屯就有专职"鸟导"近30人。村民在带路、拍摄机位、鸟友食宿、农副产品销售、交通接送等方面都有了可观的收入，许多村民都因此脱了贫。

目前，"观鸟经济"已涉及彬桥乡、响水镇等其他乡镇，受益群体在不断扩大。

敢第一个吃"螃蟹"的"鸟导"农伟宏

弄岗生态观鸟引来国内外"鸟人"

弄岗穗鹛

第四节　志智双扶增内力："新时代讲习电视夜校"

2017年10月28日，龙州率先在广西全区开办"脱贫致富奔小康电视夜校"，着力解决部分贫困户致富门路不够多、发展意识不够强、脱贫信心不够足、"等靠要"思想严重等问题。每周五开办一期，由第一书记、驻村干部组织帮扶责任人和贫困户、非贫困户参与。重点学习宣传习近平新时代中国特色社会主义思想和党的十九大精神、帮扶政策、脱贫攻坚成效、诚信文化、脱贫励志典型等，有效地引导贫困群众学典型、学政策、学文化、学技术，推进破旧立新、移风易俗，培育和塑造农村新风气。2018年9月，"脱贫致富奔小康电视夜校"改版升级为"新时代讲习电视夜校"，以"观看节目＋村民议事"的形式开展。群众观看后，紧扣村屯基础设施建设、清洁卫生、文明道德和村屯管理等进行民主讨论，集思广益，激发群众内生动力。该做法获上级充分肯定，央视网、新华网、广西卫视等作了专题报道。

城南幸福家园开展电视夜校活动

电视夜校火遍村屯

■ **故事一：从"要我脱贫"到"我要脱贫"**

"看个电视就能脱贫？"

一年前上降村村民凌志昌也不相信。2015 年底他家因病、因学致贫，被列为建档立卡贫困户。因为没有"门路"，"挨日子"是他和很多贫困户共同的想法。

"每周五看电视都学到不同的种养技术，还有不少和我一样的贫困户通过学习技术，发展产业脱贫了，我也要试一试。"凌志昌说。

说干就干，凌志昌利用亲戚丢荒的地，种植了 30 亩香瓜、辣椒，每天夫妇两个早出晚归，精心照看。上天不负有心人，2017 年底 30 亩瓜果丰收了，他家也顺利脱贫。

凌志昌被评为上降村 2017 年"脱贫致富带头人"，从被村里扶贫干部"拽"着看电视夜校，到现在"盼"着上夜校，电视夜校

凌志昌"火辣"的幸福生活

从思想深处把他"拽"出贫困，拉向幸福新生活。

"身边人"的示范效应，更能从内心深处激发贫困户脱贫的内生动力。龙州县武德乡科甲村第一书记农选说："以前在村里，大白天喝酒、睡觉的人比比皆是，现在只要有活儿干，贫困户都抢着去干。"

从"要我脱贫"到"我要脱贫""我能脱贫"，贫困户思想从以前的"等靠要"转变成了现在的"比赶超"。电视夜校不单为贫困群众送来了技术、送来了信息，更送来了志气、送来了信心，贫困群众精神面貌得到了极大改善，脱贫致富的内生动力不断增强。

■ **故事二：扶贫干部与贫困户的"约会"**

"以前有劲儿不知道怎么使，现在扶贫工作干起来更加'实在'。"龙州县响水镇党委书记王帅说。电视夜校也成为了扶贫干部学习政策、分享经验的平台，不少帮扶责任人运用夜校学到的扶贫政策，帮助贫困户解决实际困难，获得群众的信任。金龙村都鸟屯贫困户周建文说："吕华书记每周都来和我们一起看电视夜校，给我们详细讲解扶贫政策、种养技术等，鼓励我们利用好政策发展产业，村里人人都认识她。"

电视夜校不仅激发了干部的责任担当，增强了党员干部和贫困户间的感情，密切了党群、干群关系，增强了基层党组织战斗力，对干部也是一个扶心、扶智和扶志的过程。

利民社区利用电视夜校共商脱贫计划

第五节 "精细"二字见功夫：网格化管理

为凝聚脱贫攻坚合力，使责任更明确、管理更精细、帮扶更有效，龙州县推行"区域有网、网中有格、格中定人"的脱贫攻坚网格化管理新机制，建立村级网格化管理小组，由驻村第一书记、包村工作队长、驻村工作队员、村"两委"干部和屯长组成，以屯为单位，每组 3—4 人，负责对全屯所有贫困户与非贫困户进行细微管理，精准落实扶贫政策。完善县、乡、村三级工作网格化管理体系，建立"帮扶网格化、职责网格化、信息网格化、项目网格化、反馈网格化、督促网格化"，形成纵向贯通、横向集成的网格，实现上下联动、整体推进的扶贫工作格局。

链 接

广西龙州县：推行网格化管理 决战脱贫攻坚

广西崇左市龙州县围绕"两不愁三保障"，对照贫困户脱贫销号、贫困村脱贫出列、贫困县脱贫摘帽指标要求，推行横向到边、纵向到底的网格化管理，形成全方位、全覆盖、无缝隙的脱贫攻坚之势，决战脱贫摘帽。

帮扶网格化，全面覆盖不落一人。按照熟悉村情民情、方便高效管理、界定职责清晰、目标任务明确的原则，把全县 12 个乡镇、127 个行政村（社区）分别设置责任网格，把全县 14018 户 50828 个贫困人口安排到网格内进行帮扶，实现从精准帮扶、精准管理到精准脱贫一整套网格管理体系。

职责网格化，分工包干压实责任。建立县、乡、村、屯四级网格，分别成立网格化管理服务工作中心、工作站、工作小组。一级网格由县扶贫开发领导小组组长统筹。二级网格由乡镇党委书记、乡镇长全面负责、指导和监督。三级网格由乡镇分管领导狠抓落实，并凝聚驻村第一书记、村"两委"干部、县直帮扶单位主要领导力量，各施所长、各展拳脚，推动贫困户增收、住房稳固、村集体经济等各项工作。四级网格推选村干部或致富能人担任网格信息员，配合帮扶联系人扎实做好惠民政策宣传、一帮一联、一户一册一卡、一户一脱方案等基础工作。四级网格上下联动，形成了多点发力、各方出力、共同给力的脱贫攻坚格局。

信息网格化，动态管理比学赶超。县、乡、村各级各层面建立微信工作群，各级网格负责人带头推进便捷化、信息化的脱贫攻坚动态管理，通过微信群迅速传达贯彻上级扶贫开发新思想新要求，宣传一系列惠民政策，全过程掌握脱贫攻坚进展的同时，实时研究解决工作推进过程中存在的困难和问题，实现信息上报、分流交办、跟踪督办、结果反馈等高效运作。

项目网格化，精准帮扶到户到人。根据各网格单元内贫困户的发展条件和实际情况，结合各项惠民政策，将项目精准到各个网格中贫困户，满足贫困户发展意愿和需求。同时，引导网格内的贫困户抱团发展，如下冻镇峡岗村那宋屯网格贫困户主要发展乡村旅游，武德乡农干村陇严屯网格贫困户建设养殖小区，发展山羊养殖。

落实网格化，确保工作延续性。精细发挥第三级网格管理人员作用，由驻村第一书记、包村工作队长、驻村工作队员、包村工作组员、村屯干部等2—3人组成一个网格化管理小组，每个小组负责包干一个屯的脱贫攻坚管理工作。一是开展"四个一遍"工作。走屯入户，做实做细基础工作，核实每一户的详细情况，确保信息精准，核准清零错退率、漏评率，发现并解决问题，提高群众满意度。二是开展电视夜校。组织群众收看每期电视夜校节目，强化习近平新时代中国特色社会主义思想和党的十九大精神、扶贫政策、惠农政策、帮扶典型、脱贫典型宣传，积极讨论，畅谈体会，提高群众满意度。三是开展"双认定"工作。发挥熟悉本屯的优势，入户开展核验，认真对标登记，做好表格数据核实填写，严格参与落实屯级评议，确保脱贫农户真脱贫、脱真贫。

反馈网格化，实时掌握突破难点。建立走访、督查、汇报三大制度，畅通网格化间的交流，形成第一时间发现问题、第一时间解决问题、第一时间抓落实的机制。一是建立走访群众制度。一级网格负责人每周到乡镇、贫困村开展工作 1 次以上，二级网格负责人每周到贫困村开展工作 2 次以上。二是建立每周巡查制度。三、四级网格负责人（管理员）每周巡查网格 1 次以上，及时发现、反馈、更新脱贫攻坚情况。三是建立工作例会制度。乡镇每周、县每半月召开一次会议，分析研判形势，协调解决困难问题。

督促网格化，奖罚分明夯实纪律。一是建立"一月三督查"制度，采取重点督查、明察暗访、群众满意度测评等方式，对四级网格工作开展情况进行督查，对做得好的表扬，做得差的约谈问责。二是建立每周汇报制度。要求县四大班子领导、各乡镇和县直帮扶单位主要领导记录每周推进脱贫攻坚的次数、时间、解决的事项，统一上报县委办，督办推进脱贫攻坚。

——摘自中新网

2018 年 8 月 10 日

第六节　健康扶贫出新招："疾病分类救治"

为有效防止因病致贫和因病返贫，龙州县构建新农合、大病统筹、民政救助、小额人身保险等四重医疗保障制度，并深入实施健康扶贫疾病分类救治工作，精准复核病情种类后实施分类救治。一般疾病救治属地以县人民医院为主，县中医院为辅；长期慢性病救治属地以乡镇卫生院和村卫生室为主；部分病情较重或较为复杂的患者视病情转到区、市三级医院进行救治，且卫生系统派出专车负责接送分类救治患者。2017 年，全区健康扶贫现场会在龙州召开。同时，实施有能力的扶持办、无能力的上门办、疑难杂症精心办、惠残特事特办、政策优惠及时办等"五个办"扶贫惠残服务，在全市率先把重度残疾人护理补贴标准由 50 元提高到 80 元，让残疾人能康复、能就业、能暖心。

村医上门为患者体检

■ 故事一：十万变五千

逐卜乡弄岗村派母屯的王昌是健康扶贫疾病分类救治的受益者。

"医疗费太贵了，卖了我都不够！听天由命吧。"

每当夜深人静的时候，王昌都会不禁想起自己的病来。

王昌于 2015 年 7 月被确认为鼻咽癌并颈部淋巴结转移。该病必须定期接受放射治疗，但他因经济困难而作罢。

在分类救治核查会诊中，医疗专家组确定其属于转送市级医院救治对象。为帮助王昌，2017 年 6 月 29 日，逐卜乡党委、政府和一直对王昌进行签约管理服务的逐卜乡卫生院发出倡议，对王昌治疗费、营养费和护理费进行募捐，并在微信众筹网公众平台发布募捐公告。王昌的状况立即引起了社会广泛关注，仅一天时间，就筹得近万元捐款。6 月 30 日，王昌搭上逐卜乡卫生院的救护车前往崇左市人民医院接受治疗。

王昌随后进行了 4 次化疗，总费用约 10 万元，而经过新农合、大病保险、民政医疗救助等保障政策后，其自付部分仅 5000 元左右。

王昌在挑选草药

■ 故事二：办证院长

周春荣是金龙镇卫生院的院长，高节奏、高效率是他每天的工作常态。这一天他刚忙完医院的工作，又开着车来到横罗村板罗屯贫困户周伟荣家中走访。

"您老好啊，我又来了。"

还没进门，他就跟出门迎接的老人打上了招呼。

周伟荣家只有两口人，自己和母亲。

周伟荣永远忘不了 2009 年的那一天。那次事故导致他的右小腿肌肉萎缩，造成三级残疾，丧失了劳动能力。

屋漏偏逢连阴雨。又加上母亲患有高血压，需长期服药治疗。

"这真是活不下去了！"周伟荣一度对生活失去信心。

获悉情况后，周春荣抽空到周伟荣家中找他谈心，宣讲健康扶贫等政策。其间，周春荣协调帮他办理了残疾证，让他享受到困难残疾人生活补贴，还帮他申请了低保、边境 0—3 公里补贴，办理了医疗保险等，这大大增强了周伟荣脱贫的信心和生活的勇气。

周春荣指导患者用药

第七节　亮明身份接地气："马甲书记"

针对部分群众特别是老人对驻村第一书记只认得人记不起名字等问题，2017 年 11 月，龙州县推行"照片上墙 + 马甲上身"办法，为全县 573 名驻村"第一书记"和扶贫工作队员统一定制马甲衫，印上"驻村第一书记（或驻村工作队员）+ 姓名"并将照片及职务、姓名、手机号码贴在农户门口墙壁上，亮明身份，主动接受各方监督，方便群众随时联系，为群众办实事解民忧，拉近党群干群关系，提高群众认可度和满意度。该做法获得自治区党委书记鹿心社肯定批示，并在广西精准脱贫攻坚简报刊登推广。

"马甲书记"与贫困户一起种植坚果

"马甲书记"与贫困户探讨种植技术

■故事：亮明身份拉近干群关系

"你是来卖化肥的吗？"扶伦村那渠屯贫困户黄汉威对这个突然出现在他家门口的陌生面孔问道。

这一问，把我们的驻村队员给问懵了。

怎样才能提高驻村工作队在群众中的辨识度呢？驻村队员陷入深深的思考。

入夜，县城街口有警察在疏导交通，荧光闪闪的制服格外显眼，大家便知道有交警在执勤，更要自觉遵守交通规则。

有心人在这里得到了有益的启发。

很快，龙州县创新推行"照片上墙、马甲上身"办法，亮明身份，方便群众随时向他们"找事"。

办法立竿见影。

群众远远就能认出驻村"第一书记"和扶贫工作队员，并主动与他们拉家常、谈心事，把他们当成"办事员""贴心人"，还亲切称呼他们为"马甲书记""马甲队员"。

据统计，"照片上墙、马甲上身"实施仅半年时间，单下冻镇扶伦村村民通过打电话找"马甲书记""马甲队员"办事的就有180多人次。

随着精准扶贫的不断深

驻村第一书记了解民情

入,"马甲书记""马甲队员"活跃在群众家里户外、田间地头,对群众嘘寒问暖、关怀备至,已成为龙州脱贫攻坚一道亮丽的人文风景线。

龙州县着力开展"一月一评先"活动,对优秀驻村"马甲书记""马甲队员"进行表彰奖励。2017 年以来,他们共获评自治区级"脱贫攻坚先进个人"1 人、市级"脱贫攻坚工作标兵"12 人、县级"驻村扶贫工作标兵"282 人次。

"马甲书记"严格执行"五天四夜"制度,紧紧围绕国家和自治区脱贫摘帽标准,狠抓基层组织建设、扶贫产业发展、扶贫政策落实、扶心扶智扶志等工作,切实为群众办实事解民忧。

第八节 夯实稳住建根基:移民点"社区化管理"

为规范易地扶贫搬迁安置点后续长效管理,确保搬迁户"搬得出、留得住、有发展、能致富",龙州在居民安置数量大、条件成熟的城南、城北和水口共宜新区 3 个安置点成立社区,依法选举产生社区"两委"班子。聘请物业公司入驻,实行社区化管理,建立了较完善的管理机制。通过完善配套设施,开展技能培训,引导居民就业,实现了挪穷窝与换穷业并举、安居与乐业并重、搬迁与脱贫同步的目标。该做法获自治区党委书记鹿心社肯定批示。

制度上墙

■ 故事一："我的地盘我做主"

城南幸福家园共安置来自 12 个乡镇的 550 多户搬迁户。如何尽快让搬迁户从农民转变成市民？该如何管理，让他们住得安心、顺心？这是新当选的城南社区副主任黄纯凯关注的问题。

为此，黄纯凯经常到各户串门，向住户宣传生活日常知识，积极主动帮助他们解决生活上遇到的各种困难问题。他说："平时大家都是在村里居住，许多人特别是老人对在城市生活还不适应，作为社区副主任，应该尽量帮助他们，让他们能安心住下来。"

"我刚住进来的时候不会用电梯，走楼梯到 6 楼太累了，好多次都想回老家住。多亏了黄主任，他教会我使用了电梯，现在想来还是住在这里比较方便。"70 岁的老人黎明亮说。

工作中的黄纯凯

冯丽清原是上降乡里城村板色屯的贫困户，夫妻俩在家种植 2 亩甘蔗，年人均收入不到 2000 元。2017 年底，冯丽清一家四口搬进城南安置点新房。对于这份"厚礼"，她满心地感激党和政府，积极参与社区管理，很快成为社区的"热心人"。在社区"两委"选举中，她被居民推选为社区委员、妇女主任。现在，勤劳苦干的她还在小区物业找到了一份保洁员的工作，月工资 3200 元，真正从"农民"转变成了"市民"。

"现在，我在这里安居乐业，还担任了社区妇女主任，这样的好事、这样生活，在以前想都不敢想，这些都是党和政府的好政策给予的。"冯丽清激动地说。

冯丽清带头维护小区清洁卫生

■ 故事二："搬"来幸福新生活

"我们现在不仅有了新家，还有了工作，非常感谢党和政府啊。"卢方莹激动地跟帮扶责任人说。

卢方莹一家四口人原来住在武德乡近梅村陇近屯的老木屋中，夫妻俩靠种植甘蔗为生，因为耕地少，家庭入不敷出。2017年底，他们搬进了城南幸福家园100平方米的新房，孩子也到了县城上学。2019年2月，卢方莹在社区举办的专场招聘会上，通过粤桂劳务输出服务站牵线到广东鹤山市务工，丈夫在县城周边做建筑零工。如今夫妻两人月收入近5000元，生活有了大变化。

"政府对我们服务非常周到，给我们提供新房子，还考虑我们的工作。现在我去了鹤山那边做工，收入不用愁了。"卢方莹笑着说。

自粤桂协作以来，城南、城北、水口安置点社区居委会先后联合粤桂服务站举办了4场专场招聘会，累计提供就业岗位2000多个，共有380名搬迁群众现场与用工企业签定就业意向。同时，引导贫困户到社区扶贫车间务工，切实为贫困劳动力转移就业拓宽了"路子"，真正实现了"一人就业、全家脱贫"的目标。

卢方莹在广东鹤山务工

龙州之新

边关日月换新天

我们的人民热爱生活，期盼有更好的教育、更稳定的工作、更满意的收入、更可靠的社会保障、更高水平的医疗卫生服务、更舒适的居住条件、更优美的环境，期盼孩子们能成长得更好、工作得更好、生活得更好。人民对美好生活的向往，就是我们的奋斗目标。

——习近平 2012 年 11 月 15 日与中外记者见面时强调

第一节　千年龙州换新装

——交通网络体系发生巨变。2015—2018 年，投入 33661.8 万元实施村屯道路硬化，共硬化道路 737.72 公里，实现了"村村通、屯屯通、屯内通硬化路"的目标。

风景宜人的安镇村板旧屯

2005 年 12 月，夏石—龙州—水口二级公路全线贯通，结束了龙州没有高等级公路的历史

崇左—龙州—水口高速公路建成通车

屯级道路   上龙村屯级道路新旧对比

　　——农村饮水安全巩固提升。实现全县 134 个行政村（社区）100%
通水。

村民用上安全饮用水

　　——农村电力设施得到完善。实现全县 134 个行政村（社区）100%
通电。

农村生产生活用电得到保障

——通信网络达到全面覆盖。实现全县 134 个行政村（社区）"村村通宽带"、有线电视"进村入户"。

通信网络全覆盖

　　——人居环境实现美丽"蝶变"。深入开展"清洁乡村""生态乡村"活动，扎实推进"宜居乡村"活动，涌现出一批产业兴旺、生活舒适、生态良好、乡风文明的新农村。

上龙荒田屯旧貌换新颜

　　——义务教育基本得到保障。落实义务教育阶段"两免一补"、农村义务教育学校营养改善计划等政策，全县九年义务教育巩固率达95.30%，没有因经济困难而辍学的学生。义务教育得到均衡发展，于2015年提前5年顺利通过自治区评估验收。

义务教育有保障

　　——医疗保障体系逐步健全。全县农村人口参加城乡居民基本医疗保险（含大病保险）达 100%。全县有 1 所县级综合医院、1 所中医医院、1 所妇幼保健院，每个乡镇都建有合格的乡镇卫生院，每个行政村均有 1 个标准化卫生室，每个卫生室至少有 1 名村医。

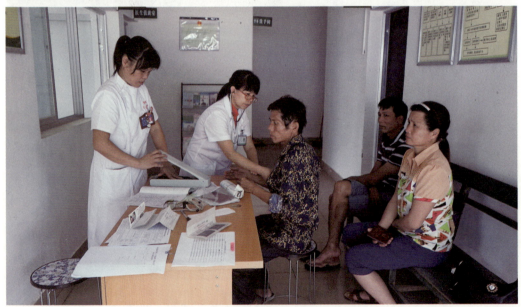

公共医疗卫生有保障

■ 故事一：村民圆了通路梦

"晴天一身灰，雨天一身泥"，是武德乡保卫村陇念屯昔日的真实写照。

"以前想要卖农作物就要半夜起来点上火把挑着担赶到集市，一般走到科甲集市上，已经上午9点多了，错过了买卖的好时间，就卖不到价钱啦。"武德乡保卫村陇念屯脱贫户何忠记忆犹新。

"以前的房子破败不堪，路不通家里穷，外面的姑娘都不愿嫁过来。没通路，车进不来，村民们碰上生病的，都是靠人抬出去看病。14公里路要走3个多小时，有的病人抬到半路就顶不住了，没到卫生院人就没了。"武德乡保卫村陇念屯脱贫户何大光感慨地说。

交通闭塞，舟车不通，土货不出村，外货不入村，严重阻碍了陇念屯经济发展和村民脱贫致富的步伐。2002年"广西边境建设大会战"把沿边路修到了保卫村，再经过几年的不懈努力，通屯道路也硬化了，陇念屯几代人

陇念屯屯内道路

的通路梦想终于实现。

"现在路通了以后，我们开始发展种养业，外地老板可以直接开车到我们屯进行交易，我们也可以将牲畜、粮食拉到外面卖，我们的钱袋子鼓起来了，真是太好啦！"何忠激动地说。

"路通了以后，一生病就可以直接坐车到卫生院甚至到县城医院看病，疾病也得到了及时的救治。"何大光脸上洋溢着幸福的笑容。

2017 年，该屯 15 户贫困户，除了 1 户因特别困难暂未脱贫外，其余 14 户脱贫出列。

■ 故事二：我们终于喝上了放心水

2017 年以前，龙州镇镇秀村村民为了喝上水得四处去寻找水源，从挑池塘水，到挖井打水，再到后来和先锋农场协商接通农场水塔供日常饮用，村民整日为"水"奔忙，疲惫不堪。

贯上屯脱贫户杨凤桃感慨地说："自从我嫁到这里来，为了每天有水喝，天没亮就要去找水塘挑水，回来就 7 点多了。早上去挑的水还干净些，中午时候十几头牛在水塘里嬉戏，水很混浊。"

贯下屯脱贫户林高山说："以前去挑塘水往返要几个小时，耽误生产劳作，挑回来的水也不如自来水干净。"

贯下屯脱贫户林景贯说："以

村民用上了放心水

前挑一趟水不容易，要去很远的地方，收工回来都不舍得用水洗澡。"

2017 年底，总投资 40 余万元的龙州镇镇秀村贯上屯人饮工程项目建成通水，彻底解决了镇秀村贯上、贯下、那勒等三个屯 91 户 386 人的饮水难问题。村民家家户户都接上了自来水管，日常用水都得到了保障。

林景贯高兴地说："建了水池，我们用水方便啦，就有更多的时间去干活儿，也不用担心做工回来一身汗没有水洗澡啦，水也很干净，我们终于喝上放心水！"

■ 故事三：昔日穷山沟　今日旅游区

"在实施'美丽乡村'活动之前，板谭屯呈现在你眼前的，是一个房前屋后到处是家禽粪便，一到下雨天路就泥泞不堪的小山村。"县人大代表、彬桥乡清明村村委会主任、壮营旅游开发有限公司法人代表梁志恒说。

清明村板谭屯位于彬桥乡东部，距乡政府所在地约 5 公里，为改善村民的生活环境，板谭屯以创建全乡旧村改造示范点为契机，村屯干部和党员发挥带头作用，组织村民开展清洁整治活动，在房前屋后的空地，用统一的栅栏围成小菜园，拓宽进屯硬化道路，增加公共照明设施、环卫设施，把家禽家畜圈养起来，极大地改善了屯内的环境卫生。

在开展环境卫生整治的同时，2016 年，清明村村委会主任梁志恒带领全屯村民在村里建设了占地 50 多亩的板谭壮营乡村旅游区，配套建设民宿、景观长廊、观景亭、游泳池等设施，以"乡村旅游＋生态农业＋养生休闲"的经营模式，实现了养生休闲与壮乡旅游一体化目标，于 2017 年 11 月获评广西四星级乡村旅游区。2018 年清明村板谭屯旅游总收入达 250 多万元，实现了居住环境与"钱袋子"的双丰收。

板谭屯鸟瞰

板谭壮营农家乐

第二节　老区人民展新颜

患病人人心头焦，

轻重总要掏腰包，

因病致贫家更苦，

锅底生锈无油浇，

幸有扶贫新政策，

部分药费可报销，

穷人从此心淡定，

发家致富兴致高，

等靠心态无踪影，

贫困帽子定能抛。

　　龙州本地著名歌师周乃才和莫爱兰创作的山歌《旱地秧苗逢甘雨》，真切地唱出了老区群众在党和政府的领导下，坚定脱贫摘帽的信心，展现出焕然一新的精神面貌。

　　——居民住房获得保障。2014 年以来，全县实施易地扶贫搬迁 2221 户、农村危房改造 8560 户、危旧房修缮 1405 户。全县 58669 户农户中，已有 58294 户实现安全住房保障，占所有农户的 99.36%。所有脱贫户均实现了安居梦。

彬桥陇津屯全面完成危房改造

　　——群众收入显著提高。城镇居民人均可支配收入从 2015 年的 22789
元提高到 2020 年的 31806 元，增长 39.5 %。农村居民人均可支配收入从
2015 年的 8011 元提高到 2020 年的 12709 元，增长 58.6%。

单位：元

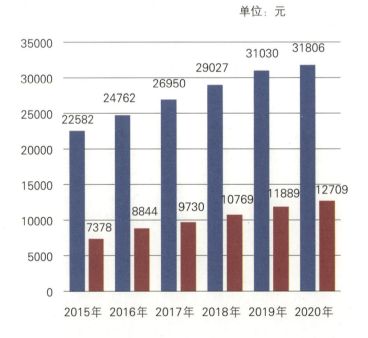

龙州县 2015—2018 年居民人均可支配收入示意图

——精神面貌极大改善。在脱贫攻坚战中，贫困群众真切享受到了党和政府给予的多项优惠政策，生产生活条件得到了巨大改善，群众的获得感和幸福感前所未有。群众从一个个脱贫先进典型的励志故事中得到启发，脱贫致富内生动力得到极大激发，实现了从"要我脱贫"到"我要脱贫"的转变。

人民群众安居乐业

■ 故事一：从农民到车间主任

　　38 岁的蒙彩桃是龙州县下冻镇春秀村弄咩屯的贫困户，2012 年家庭遭遇巨变，蒙彩桃的丈夫去世，家里的顶梁柱垮了。她和婆婆及两个还在读书的孩子靠种植 3 亩甘蔗地艰难度日，住在 20 世纪 70 年代建造的土坯房中。她是家里唯一的劳动力，家里所有的重担全部压在她一个人的身上，强大的生活压力一度使她面临绝境，对生活悲观，以致面容消瘦、憔悴不堪。

　　上天对你关闭一扇门，就会对你打开一个窗。2017 年 2 月，在帮扶人员的鼓励和引导下，蒙彩桃应聘到广西龙州北部湾公司食用菌种植生产基地上班，成为一名采菇员。采菇员的工作并不轻松，工作量大，工作环境潮湿，每天平均工作 10 小时以上。蒙彩桃发扬不怕苦、不怕累的精神，积极主动完成工作，得到了经理和同事的赞赏。她还主动地向技术员学习食用菌种植和管理的基本技术，提高自己的管理水平，经过一年多的努力，她从一名普通工人升职到车间副主任，月工资 3500 元，管着 50 多名员工和 50 多个蘑菇生产大棚。

蒙彩桃在扶贫车间工作

　　如今，蒙彩桃有了一份稳定的工作，家中有了稳定的收入来源，在政府扶贫政策的支持下，她通过易地扶贫搬迁在县城获得了一套 100 平方米的房子，两个孩子上学更方便，老人也可就近就医。"这两年我家的变化，就像做梦一样！感恩政府的帮扶。"2017 年，蒙彩桃一家顺利脱贫摘帽，她还向公司党支部递交了入党申请书，立志用自己的力量去帮助更多的贫困群众自力更生、脱贫致富。

蒙彩桃面临困境不退缩，在党和政府的关怀下，从一名贫困户转型为新时期的产业工人，她的勤奋刻苦，不失本色，展现了新时代老区农民自强不息、蓬勃向上的精神风貌，她的故事激励着龙州县困难群众勇于挑战困难、坚定脱贫的决心。

■ 故事二：贫困户变身致富带头人

"他在种植方面很有研究，我们遇到解决不了的种植难题都向他请教。"村民农小清说。

农小清口中的"他"就是水口镇北胜村岜桐屯的 2016 年脱贫户黄汉金。

2015 年以前，黄汉金为增加收入，除在家种几亩甘蔗外，还到罗回街的农资化肥店帮人卖化肥。在此期间，他接触了生产农资化肥的科研企业，店主还定期让他参加技术培训学习，从此他喜欢上了科学种植。2015 年，利用扶贫贴息贷款 5 万元，他大胆地盘下自己打工的化肥店自主经营，还与妻子在村边山脚下种植 10 亩大青枣，经过他科学种植、施肥、剪枝，10 亩大青枣喜获丰收，且果实大、水分多、甜度高，投入市场十分畅销。2016 年，他家仅种植大青枣一项就增收 4 万多元，当年就摘掉了贫困户的帽子。

看到黄汉金靠种大青枣实现了脱贫致富，附近的村民就纷纷前来取经。黄汉金也乐于将自己积累的种植经验传授给他们，和他们一起分享科技种植带来的甜头。

"坚果种到山坡上 5 年了，那时候不懂怎么管理，树长得不好，也不结果，我就去找汉金，他人很好，细心地教我怎么管理，怎么下肥料，怎么喷农药。回来后我就按照他教的方法去做，这树竟然结了果，第二年卖坚果收入达 5 万元，到 2017 年，就到了 8 万元了。"北胜村板宁屯脱贫户黄崇辉乐呵呵地说。

"村里大部分都是老人，对于种植这方面没有什么技术。我想把学到的技术毫不保留地教给他们，希望他们和我一样早日脱贫。"憨厚老实的黄汉金说。

黄汉金在钻研科学种植技术

黄汉金在实现脱贫致富的同时，饮水思源，不忘初心。他将自己在农资化肥店多年学到的知识结合自己种植的实践经验，逐一记录成一本《科技种植服务手册》，方便平时前来讨教或需要提供种植技术服务的村民查看，实现他个人科技助农、活农、富农的心愿。

■ 故事三：回娘家咯

2019 年 2 月 8 日，农历正月初四上午，八角乡八角村伏汉屯锣鼓喧天、礼炮雷鸣，通往村里的两百多米道路上灯笼高挂、红旗飘扬，到处洋溢着喜庆祥和的气氛。

水流千里有缘，族传万代是亲。这一天，伏汉屯 140 多名外嫁女在舞狮队的引领下，身穿各色礼服，或挑着五谷杂粮糖果蔬菜，或举着"爸妈辛苦了""亲恩深似海""养育情难忘"的牌子，浩浩荡荡走进村里，以美丽的容颜、优雅的姿态，一起回娘家，到处洋溢着喜庆、欢乐、温馨。她们给老人端茶倒水、送上红包、戴上围巾、献上生日蛋糕，并和老人促膝谈心、拍照留念。

外嫁女许小梅感慨地说："现在外出打工的人太多了，家乡里面留守的都是老人，我们这些嫁出去的姐妹也已经有多年没有见过面了，所以想借助这个机会回来看望父母和姐妹们，表达我们望母之切、思乡之心。"

外嫁女许桂群脸上洋溢着愉快的笑容，说："现在大家都脱贫过上好日子了，今天，我们特意相约回娘家，既表达我们不忘亲恩，又弘扬孝敬长辈的传统美德。姐妹们约定，今后要多回娘家探亲敬老，把热爱家乡、孝敬长辈的良好风气代代延续下去。"

伏汉屯外嫁女第一次大规模地相约回娘家谢亲恩、连亲情，体现了新农村的农家妇女健康向上的精神风貌，这是脱贫攻坚给农民带来自信和希望的一个缩影。

外嫁女正月初四回娘家

第三节　边疆治理开新局

　　龙州作为边疆地区、边境地区，多年来在脱贫攻坚战中，也为边疆治理、社会团结和谐作出了积极贡献。

　　——经济社会向好发展。积极融入西部大开发、兴边富民、滇桂黔石漠化片区、左右江革命老区振兴等战略，推动了经济社会向前发展。

　　——国际合作稳步推进。积极开展经贸、文化、旅游等多种多样的中越跨国交流合作，筹建龙州国家级边境经济合作区，推进边民互市贸易，与越南高平省复和县共同举办了5届水口—驮隆口岸商品展销会，通过跨境交流合作渠道解决县域经济社会发展问题，同时扩宽了地缘经济通道，在"一带一路"倡议中发挥着重要作用。

　　——民族团结得到巩固。边境的经济发展，促进了边境地区和谐稳定，民族团结进一步得到巩固。

　　——边疆安全得到保障。坚决打击各种边境违法犯罪活动，维护了边境安宁。

　　——队伍建设得到加强。培养了一大批敢于担当、敢于作为的干部队伍。

　　——体制机制进一步完善。深化改革一系列机制体制，确保经济社会稳步健康发展。

筑钢铁长城，保华夏平安

"死亡地带"变富饶家园

壮乡二月二龙元节

"壮乡三月三" 龙州分会场

壮乡歌圩

水口边贸东盟第一城

龙州之路

实打实干谱新篇

> 社会主义是干出来的。脱贫攻坚是硬仗中的硬仗，必须付出百倍努力。全党全社会要再接再厉、扎实工作，坚决打赢脱贫攻坚战，在全面建成小康社会的征程上不断创造新的业绩。
>
> ——习近平对扶贫攻坚工作的指示

"空谈误国，实干兴邦。"在脱贫攻坚这场艰苦的战役中，龙州县认真贯彻落实习近平总书记关于扶贫工作的重要论述，用龙州起义精神凝聚干事创业新动力，引领推动各级干部群众奋发有为，勇于担当，撸起袖子加油干，闯出一条以干字当头、苦干实干成功脱贫摘帽的路子。

第一节　红色基因激发干群斗志

面对脱贫攻坚的巨大压力，龙州县秉承"百折不挠、奉献拼搏、团结务实、争先创新"的龙州起义精神，激发干部群众的斗志，攻克一道又一道难关，以"从胜利走向胜利"的红八军精神作为决战决胜的动力源泉，去冲破一个又一个阻碍，在脱贫攻坚战场上取得一场又一场的胜利。

■ 故事一：奋战在脱贫攻坚一线的"老战士"

"以前，我是一名战士。现在，我要在这片红土地上传承龙州起义精神，努力为龙州脱贫攻坚贡献自己微薄的力量。"这是龙州镇塘巧村党支部书记兼村委会主任唐优能的肺腑之言。

唐优能曾经是一名光荣的解放军战士，荣立过三等功，1989 年 3 月退伍，1997 年与龙州镇塘巧村的梁冬艳喜结良缘后到女方家落户。2011 年村"两委"换届选举时，他当选为龙州镇塘巧村党支部书记兼村委会主任。

由于历史的原因，塘巧村一直存在着行路难问题。"要致富，先修路"，唐优能率领村"两委"班子多方奔走，共筹措资金 350 多万元，把全村 9 条屯级路全部硬化，昔日"出门基本靠走，安全基本靠狗"的日子一去不复返了。

"以前道路没硬化时，雨天泥泞，运蔗车难进得来，砍下的甘蔗要堆在泥地里，十几天才能运出去，霉烂不少，痛心啊！现在雨天打赤脚走进来都不脏，我们真的很感激他。"尾弄屯村民农民豪激动地说。

为提高甘蔗单产，增加村民收入，唐优能上任以来一直力推甘蔗"双高"基地建设。唐优能走村串户，身体力行推进最艰巨的抽签分地工作。实施"双高"基地建设，需要将原来土地田埂推平，深耕后再按原有面积抽签分给村民种植甘蔗，很多群众担心运气差抽到不好的地块，对"双高"工作有抵触心理。经过多次进屯，唐优能终于见到了抵触心理较强的尾弄屯村民黄勤华。

"今天到你们屯来分地，你对分地有什么意见？"唐优能关切地问。"有顾虑，"黄勤华直白地说，"我怕分不到好地，甘蔗会减产。""这个不需要太担心，"唐优能耐心解释，"你说的怕分到坡地、石头地、低洼地等，这个政府有项目专门解决，有石头的全部挖走，高坡地的进行平整，低洼的开沟排水，你放心配合分地就行。"在唐优能耐心地引导下，黄勤华放下了顾虑，愉快地配合分地。

　　唐优能竭尽全力为群众办实事办好事，带领群众发展生产，塘巧村群众生活水平也在逐渐提高。可惜，2017年11月24日晚，唐优能在下屯入户扶贫途中遭遇车祸，头部受了重伤。"太令人揪心了！他为了乡亲们能脱贫，付出了那么多，老天爷竟这样对待这样一个好人！"塘巧村村委会副主任何芳含着眼泪坚定地说，"我们村'两委'一班人将以唐支书为榜样，继续带领乡亲们致富奔小康！"

唐优能与驻村工作队员研究帮扶措施

唐优能夜访贫困户

唐优能向村民宣传党和国家惠民政策

■ 故事二：身残志坚勇拼搏 自力更生拔穷根

55岁的陆伟军是龙州县上金乡联甲村板肥屯农民，读高中时因患青光眼治疗不及时最终落下视力残疾一级，基本失明。2016年，陆伟军一家被列为贫困户，但他没有"等靠要"，学生时代曾深深感动自己的红八军战士的英雄事迹，激励着他不向困难低头，决心通过自力更生拔去穷根。

他决定通过生猪养殖增加收入。他用家里微薄的积蓄修建了猪圈，购买种猪，并在县残联的帮助下积极学习养殖技术。尽管视力不好，陆伟军凭着一股不等不靠、自力更生脱贫致富的韧劲儿，摸爬滚打，总结出了一套自己的生猪养殖方法。

"别看他是个盲人，但他心里清楚得很，头脑也很灵活，村里许多健康的人都不如他呢。"村民阮美支这样评价他。

平时的辛勤劳作终于换来了成果。养猪一年可以为他实现收入1.5万多元，加上甘蔗种植，让儿子儿媳外出务工，陆伟军一家6口于2017年成功脱贫，为全村树立了脱贫致富榜样。

2018年7月，联甲村开展了精准帮扶"三方"见面活动，邀请陆伟军作为脱贫户代表介绍自己脱贫致富经验，他反复强调一句话："能干的双手可以创造财富，幸福不会从天降，好日子等不来。只要我们奋发图强、自力更生，也能和健全人一样奔进小康社会。"

陆伟军在清洗猪舍

陆伟军在进行田间管理

第二节　建强支部引领群众致富

　　"群众富不富，关键看支部。"在决战决胜脱贫攻坚的关键时期，龙州县坚持以习近平新时代中国特色社会主义思想为指导，提升基层党组织组织力、发挥党员先锋模范作用，让广大党员干部成为群众脱贫致富的"主心骨""领航人"，把党建的组织优势、政治优势转化为脱贫攻坚动力，引领群众脱贫致富，奏响扶贫最强音。

新时代讲习所（大榕树课堂）将党和政府的好政策送到田间地头

■ 故事一：脱贫路上的"羊倌"

在武德乡农干村陇盎屯，有一名普通的农村党员叫谭锦翳，他还有个身份，就是农干村村委会副主任。

"带领群众脱贫致富，村'两委'每个成员都有责任，都有义务，否则你就愧对党，愧对群众对我们的信任。"谭锦翳总是对别人这样说。

农干村是个贫困村，在土地少、产业单一、信息闭塞、群众观念陈旧的情况下，产业发展何等困难。对此，他开始关注县内外各类种养产业发展的信息，结合村里山草多、村民有养羊经验的实际，初步形成了"发展山羊养殖，带领村民脱贫致富"的想法，并得到了村"两委"班子的一致认同。

说干就干。2015年，在谭锦翳等村"两委"干部带领下，农干村大力发展林下养羊，并以"村党总支＋合作社＋农户"的方式，成立龙州县盎

谭锦翳精心打理合作社养殖产业

然生态养殖合作社，谭锦嶷被推举为合作社的理事长。

合作社成立之初，许多群众瞻前顾后，大都在观望。谭锦嶷走村串户，算好精细账，鼓励群众大胆创业。功夫不负有心人，在谭锦嶷等人的努力下，合作社养殖场顺利发展成为占地面积 3 亩、年存养殖肉羊 400 多只的规模，吸纳了 89 名社员，其中贫困人口 74 名。2016 年底，合作社实现了每人 600 元的第一次分红。2018 年，合作社分红达 11 万元，进一步拓宽了贫困群众的收入渠道。

"养羊可以增加收入，我们家穷，但是我一个人养不了，要大家一起合作才行。"参加合作社的贫困户谭彩金深有感触地说。

如今，农干村已发展了 4 个种植养殖类合作社。谭锦嶷动情地说："作为一名基层党员、村委委员，我要担负起带领群众致富的责任。下一步，农干村将继续扩大合作社养殖规模，带领更多的群众发展养殖业，在家门口致富，共同走上小康路。"

■ 故事二：跟着支部走 吃穿不用愁

一直以来，龙州县下冻镇峡岗村村民们受限于村里交通不便、产业单一、信息闭塞等因素，生活非常艰苦。

穷则思变。2014 年，村"两委"换届之后，新一届班子成员凝心聚力，决定带领群众发展多种产业，实现脱贫致富。在驻村第一书记的支持下，村"两委"引导群众成立龙州县樸矩生态农业专业合作社，大力发展食用菌产业。2017 年，合作社社员股金分红 116 万元，村集体经济实现收入 12.83 万元，由此摘掉了村集体经济"空壳村"的帽子。

在村"两委"的引领下，党员带头先后成立了 7 家种养合作社、1 家农家乐有限公司，入社社员 1540 人，其中贫困户 726 人，贫困户参与率达100%。

峡岗村党员能人黄耀旋依托那宋屯丰富的资源优势，建成那宋岜头休闲农庄，带动全屯 55 户村民入股，其中贫困户 19 户。2017 年休闲农庄营业额达到 198 万元，年底入股村民每户分红 4500 元。

除了分红，合作社社员、贫困户王志勇一个月有一半时间在休闲农庄上班，一天工资 100 元。王志勇高兴地说："大家在村干部的带领下，又找到了一条挣钱的路子。我信了！跟着支部走，吃穿不用愁。"

产业发展了，还得让村民身心健康起来。2016 年，村"两委"联合广西正心启善健康咨询有限公司等企业团体在峡岗村建了一个健康屋，峡岗村 60 岁以上的老人和所有贫困户可以在健康屋内享受免费理疗。

噇布屯贫困户苏南亮在接受中医护理岗位培训后已经在健康屋上岗，帮助村里群众调理身体。"周一到周五来这里坐班，给群众调理身体，一个月 800 元工资，这也是不错的收入来源了。"苏南亮学到一技之长，在家门口实现了就业。

不仅让群众有收入、能吃好，还要让群众住得舒心。峡岗村"两委"发动群众积极投工投劳，推动了峡岗村"小菜园、小花园、小果园""村屯绿化、道路硬化、水源净化"建设，争取资金硬化屯内道路 12 公里，开展村

峡岗村"两委"研究脱贫攻坚工作

级文体活动场所、排污工程等项目建设，村容村貌发生了大变样。2016 年以来，峡岗村荣获自治区级生态村、崇左市魅力村庄等称号。

"下一步，我们村'两委'将继续认真抓好村党组织建设，打好产业扶贫这个基础，巩固整村脱贫摘帽这一成果。"村支书苏旺亮坚定地说。

第三节　干部"脱皮"换取群众脱贫

从大青山下到黑水河畔，从乡村院落到田间地头，边城龙州到处活跃着帮扶干部忙碌的身影，他们用耐心、真情与信念挑起扶贫重任，用脚步丈量民情，用实干助力脱贫，带领贫困群众想法子、闯路子、增票子，让广大群众真切感受到党和政府的关怀，更让群众的"幸福指数"持续攀升。

■ 故事一："勤"换轮胎的第一书记

"第一书记赵民航为了我们村的发展，短短两年时间自己的私家车跑坏了九个轮胎，九个轮胎啊！"金龙镇板梯村党总支部书记、村委会主任农子君动情地说。

边境线上的板梯村离县城 70 多公里，四面环山、耕地稀少、信息闭塞。由于山多地少，村民主要靠在山坡种植玉米、木薯等，而龙州县的支柱产业糖料蔗的种植面积仅有 500 多亩。2015 年底，建档立卡时贫困发生率高达 41.9%。

如何带领村民走出贫困？赵民航苦苦思索，他决定因地制宜，动员和带领群众大力发展养殖业，开拓致富路，改变贫困面貌。

2016 年 6 月，赵民航和几个党员牵头组建了龙州县板梯村养殖专业合作社。之后，他的私家车就几乎没闲过：到镇政府汇报联系工作；到县直部门请专家前来授课；联系引进养殖新品种；到各乡镇与当地企业洽谈，寻求合作发展；带贫困户到金融部门办理小额贷款……合作社发展起来了，还成功与龙头企业龙州县树春牧业有限公司合作，贫困户入社率达98%。

东龙屯的贫困户黄宝朱2016年7月入社，赵民航帮助她申请到小额信贷3万元，用于发展母猪养殖。通过母猪自繁自养，当年就有了成效，2017年顺利脱贫。

"真的，如果没有赵书记引路，没有赵书记整天为大家四处奔忙，我不可能脱贫，更别说致富了，现在冰箱有了，小楼房也建起来啦。"黄宝朱脸上洋溢着幸福。

担任第一书记两年来，赵民航以奉献"九个轮胎"的"代价"，使板梯村各屯的道路硬化了，危房改造了，饮水更安全了。2017年底，板梯村贫困发生率仅1.09%，同年8月，赵民航被评为龙州县驻村扶贫攻坚工作标兵，板梯村被评为龙州县"脱贫攻坚红旗村"。

赵民航（左）在田间地头与贫困户聊产业发展

■ 故事二：光头书记不"光头"

"请你不要再来了，你这个上面来的'光头强'，又不会种地，能帮我们做什么？"这是龙州县金龙镇双蒙村驻村第一书记潘海生在 2016 年发动村民种植红米时村民质疑他的一个画面。

2016 年 3 月，潘海生从县直机关来到素有"美女村"之称的边境乡村双蒙村，当起了驻村第一书记。在村民的眼里，胖胖的身材，头上没几根头发，他就是动画片里的"光头强"！能为村里做出什么好事？

同年 5 月，潘海生根据双蒙村实际情况，制订了以板池"美女村"为红米种植基地，推进周边村屯共同参与的产业发展方案，信誓旦旦地要干出一番事业。

俗话说万事开头难。他牵头组织驻村工作队、经济能人开始挨家挨户发动群众种植红米时，一遍一遍地讲政策、算经济账，一天下来，嘴皮几乎磨破了，但愿意种红米的群众屈指可数。

家住板池屯的李华东算是村里"算得准"的农民，工作队三番五次地到其家中作动员工作，基本上都是吃闭门羹。为了证明红米产业是正确的发展之道，让村里按时脱贫，工作队转变原先的工作方式，先上网找资料，请相关的种植专家到村里开展培训，再入户发动宣传。

工作队足足用了一个月时间，终于将被动局面扭转，18 户群众赶在晚稻种植时节，开始试种了 20 亩红米，同年 10 月中秋节

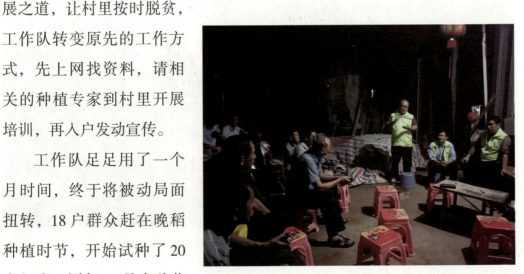

潘海生（右三）向村民宣传扶贫政策

到来之际，工作队当起了销售员，把大家种下的红米卖了个精光。当大家从合作社里拿到一沓厚厚的百元大钞时都乐开了花，个个称赞工作队好样的！潘书记好样的！之前不支持发展红米产业的李华东，紧握潘海生的手连连说道："群众脱贫看红米，红米要看板池屯！要不是你的坚持，今天我们也不会看到这么好的前景啊！"

三年来，潘海生用他的坚持，走遍了村里每一寸土地，换来了群众对他满满的信任，产业扎下了根，红米产业火了双蒙人，合作社有了更好的发展，村集体经济正迈上新的台阶，整个双蒙村已呈现出欣欣向荣的发展局面！

■ 故事三："铁军"攻坚促脱贫

龙州能提前一年摘掉穷帽，离不开龙州县扶贫办这支扶贫"铁军"的无私奉献。一直以来，这支"铁军"凝心聚力、披荆斩棘、攻坚克难，成为龙州县脱贫攻坚的中坚力量。

他们积极牵头协调县扶贫开发领导小组九个专责小组，定期召开汇报会专题研究脱贫攻坚工作，坚持组织相关单位每周日晚召开脱贫攻坚例会，统筹协调县级各单位帮扶力量精准投入，合力解决脱贫攻坚重点难点问题，打造"一件马甲衫、一张联系卡、一幅网格图、一份明白卡"四件法宝。认真研究，完善结对帮扶机制，指导全县帮扶责任人持续开展"一帮一联""一户一册一卡"工作。组织力量抓好脱贫攻坚信息数据基础工作，整合力量分组指导乡镇开展贫困人口动态调整，牵头制订完善各类脱贫攻坚政策方案，整合项目和资金完善各村屯的基础设施建设；充分发挥"总参谋部"职能部门作用，指导督促各乡镇开展脱贫户、贫困村脱贫摘帽认定工作；组织开展脱贫攻坚业务培训，实时为各乡镇答疑解惑。

近几年，县扶贫办先后多次被评为自治区、崇左市及县级脱贫攻坚先进集体、"新时代新担当新作为"先进集体。

■ 故事四："扶贫小班长"——黄永亮

作为县扶贫办主任，自 2015 年起就义无反顾地奔波于脱贫攻坚一线，带领扶贫办、攻坚办全体人员深入村屯农户广泛调研，精准分析贫困户、贫困村致贫原因，结合资源优势和特色，先后组织有关部门制订脱贫方案 23 个，组织制定扶贫产业项目"以奖代补"等贫困户脱贫措施 26 项，组织脱贫攻坚网格化管理等帮扶措施 10 多项。黄永亮主任始终把贫困群众装在心上，三年来淡忘了节假日、休息日的概念，每周投入脱贫攻坚工作六天以上，无数次废寝忘食通宵达旦。在老父亲病危期间没能尽心陪伴护理，直到过世时也都没能安排太多时间处理后事。

在扶贫办，平时最早到办公室的是他，最晚离开办公室的也是他，他始终将脱贫攻坚责任扛在肩上、系在心上，倾注了大量心血，为全县干部群众树立了榜样。

黄永亮（右二）与驻村工作队员研究贫困户"两不愁三保障"政策落实问题

■ 故事五："参谋小班副"——黄华山

2015 年以来，他忘我奉献，敢作敢为。从精准识别到建档立卡再到信息数据，从危房改造到易地搬迁再到医疗保障，从残疾人到特困户再到教育保障，从电脑键盘到培训讲台再到乡村屯组，从驻村管理到检查评估再到总结宣传，都注入了黄华山大量的精力，他是典型的"参谋军师"。三年多，他用了 30 多个笔记本，有会议记录，有下乡下村入户记录，有问题清单、急需解决的问题、解决办法的思路，等等，细细的、满满的……

常年披星戴月、舟车劳顿。周末、节假日放弃陪伴家人，偶尔患重感冒也硬扛着工作，被同事们誉为"扶贫铁人"。

■ 故事六："不脱贫不脱单"——黄小芳

她是县扶贫信息中心的一员，与男朋友相恋多年，因为工作繁忙没能操

龙州县扶贫办、攻坚办凝心聚力立下愚公移山志，合力攻坚

办婚事，几年来，亲人、朋友、同事为两人迟迟定不下来的婚期操碎了心。但是，黄小芳仍然坚持把所有的时间和精力集中在脱贫攻坚上，特别是迎检的 2018 年上半年，她负责核查比对、清洗的信息数据就达到 6 万多条。为了工作，她把婚期一拖再拖，直到龙州摘帽后，黄小芳才和男朋友步入了婚姻的殿堂。

黄永亮、黄华山、黄小芳的事例，只是龙州县广大干部奋斗在扶贫道路上的"缩影"。在扶贫攻坚战场上，全县扶贫干部夜以继日、义无反顾。因为他们深知，这条用血汗和泪水铺就的脱贫道路上，有千千万万的扶贫人在日夜奋战、前赴后继。他们不会放弃。他们要像一颗颗螺丝钉一样牢牢地铆在工作岗位上，甘做一粒沙，聚沙成塔，甘当一滴水，滴水石穿。他们要用扶贫干部的辛苦指数换取贫困群众的幸福指数。

龙州，因为有了这群敢于担当，以"无我"的精神、"忘我"的境界，以脱贫攻坚为己任，深扎脱贫攻坚一线的扶贫干部，才汇聚起龙州脱贫攻坚的磅礴力量，从而打响了广西国家扶贫开发工作重点县脱贫摘帽的第一炮。

第四节　龙州实践引来世界关注

习近平总书记指出，消除贫困是人类的共同使命。

龙州县在打赢脱贫攻坚战的伟大历史实践中，探索出一系列扶贫经验和做法，丰富了县域贫困治理内涵，引起了欧洲、非洲、东南亚一些国家的关注。

中法文化交流活动

加强中越贸易交流

中越两军军医义诊活动

国际爱鸟友人在弄岗考察

东亚减贫示范合作技术援助项目（老挝部分）2018 年
来华培训班到龙州县考察学习农民专业合作社发展经验

广西财经学院和上海国家会计学院 MPAcc 留学生赴龙州开展现场教学，
在县扶贫办召开交流座谈会

CONCLUSION

建设壮美龙州　未来日子会更好

脱贫只是第一步，更好的日子还在后头。

——习近平 2019 年 4 月 10 日激励独龙族回信摘要

——爬坡过坎　逐梦小康

龙州县曾经是典型的"老、少、边、山、穷"地区，现在虽然已摘掉贫困帽，但稳定脱贫、谨防返贫的任务仍然很艰巨。2019 年，龙州县将继续探索实施新阶段脱贫攻坚新举措，针对致贫原因，因户施策，因人施策；采取差异化帮扶措施，集中力量攻坚，坚决打赢脱贫攻坚战。

脱贫不摘责任，不摘政策，不摘帮扶，不摘监管。持续推行"一帮一联"帮扶机制，落实对脱贫人口继续帮扶两年、跟踪一年的政策，保持对已脱贫人口跟踪帮扶政策不变、扶持力度不减。坚决啃下最后的"硬骨头"，确保到 2020 年全县所有贫困户全部完成脱贫摘帽，实现"脱贫攻坚路上一个不落"的目标。

——巩固提升　持续发展

继续精准落实《中共中央、国务院关于打赢脱贫攻坚战三年行动的指导意见》，通过十大行动建立长效机制，打好产业扶贫巩固提升、易地扶贫搬迁后续扶持、村集体经济健康可持续发展、基础设施建设再改善再提升、粤桂扶贫协作等五场硬仗，坚决打赢打好脱贫攻坚战。进一步加大易地扶贫搬迁扶贫车间建设，加快乡村旅游绿色发展，不断完善基础设施，全力拓宽农民增收渠道，全方位全过程跟踪帮扶贫困户贫困村，不断巩固脱贫成果，提升脱贫质量，为龙州可持续发展铺平大道。

——攻坚克难　兴边富民

"消除贫困、改善民生、逐步实现共同富裕，是社会主义的本质要求。"继续提高政治站位，通篇谋划布局，进一步完善全县经济发展战略总体规划及政策体系，着力在交通基础设施建设、边境口岸贸易、产业转型升级、特色文化旅游、生态产业发展等方面精准发力，夯实乡村振兴基础，发挥边境优势，助推全县经济快速发展，兴边富民。

——不获全胜　决不收兵

"人民对美好生活的向往，就是我们的奋斗目标。"在逐梦小康的征途上，龙州老区人民将更加紧密团结在以习近平同志为核心的党中央周围，深入学习贯彻习近平新时代中国特色社会主义思想，特别是习近平总书记关于扶贫工作的重要论述，树牢"四个意识"，坚定"四个自信"，做到"两个维护"，大力弘扬龙州起义革命精神，鼓足干劲，革弊鼎新，攻坚克难，建设壮美新龙州，重振百年辉煌，不获全胜，决不收兵，确保到 2020 年与全国同步全面建成小康社会，努力把龙州建设成为国家边疆地区、民族地区、革命老区的耀眼明珠！

后 记
EPILOGUE

《中国脱贫攻坚·龙州故事》一书，以习近平总书记关于扶贫工作的重要论述为指导，以边疆地区、革命老区、少数民族地区在脱贫攻坚工作中的典型故事为线索，描述了龙州县在广西壮族自治区打响国家扶贫工作重点县脱贫摘帽"第一炮"所探索的路子及经验，在中国共产党建党100周年到来之际，作为献给党百年华诞的一份厚礼，希望在今后推进巩固拓展脱贫成果同乡村振兴有效衔接工作中能起到借鉴意义。

本书在国务院扶贫办及中共广西壮族自治区委员会党校的具体指导下完成了写作任务；自治区党校教授凌经球带领其团队多次深入基层调研，挖掘并丰富了龙州人在脱贫攻坚路上感人的故事；编委会成员发扬攻坚精神，历经无数次的修改完善，可以说这是集体智慧的结晶。全书最终由崇左市委常委、龙州县委书记秦昆和凌经球教授共同审核定稿。

在本书出版发行之际，我们衷心感谢国务院扶贫办对我们的信任与支持！衷心感谢中共广西壮族自治区委员会党校凌经球教授及其团队的鼎力相助！同时，特别感谢出版社编辑同志的辛勤劳动！

由于本书写作时间仓促、任务较重、内容涉及较多，难免有疏漏差错，恳请读者提出宝贵批评意见，我们表示诚挚的感谢！

本书编写组